„Le ador pe aceste scriitoare! K
teamă cele mai dificile subiecte
identitate, căsătorie și altele. C
cum definește Dumnezeu sexua

„Ca tânără creștină s-ar putea să ți se pare nespus de greu să-ți înțelegi sexualitatea. Kristen și Bethany sunt prietenele care te înțeleg și te încurajează în acest demers! Cartea *Sexualitate, puritate și tânjirile inimii oricărei fete*, îți oferă speranță, sfaturi practice și înțelepte."

dr. Juli Slattery, autoare

„Într-o lume zdrobită de confuzie sexuală, suferință și dezamăgire, mă bucur că voci ca ale lui Kristen și Bethany ajută tinerele să afle calea (Lui) și că le arată dragostea răscumpărătoare și harul lui Cristos."

Nancy DeMoss Wolgemuth, autoare și conferențiară

„Luptele sexuale și ispitele fetelor creștine «cuminți» sunt deseori ținute ascunse. Kristen și Bethany împărtășesc sincer și revigorant din experiența lor. Cartea aceasta este înțesată de sfaturi solide și practice, o resursă minunată pentru fiecare femeie care tânjește să adopte o perspectivă mai măreață și mai frumoasă despre sexualitate."

Mary A. Kassian, autoare

„Cultura noastră a distorsionat cumplit sexualitatea, dar această carte pune în lumina reflectorului planul inițial al lui Dumnezeu cu privire la sexualitatea umană. Cu sinceritate și grație, Kristen și Bethany își împărtășesc parcursul lor spre puritate sexuală, demască minciunile cu îndrăzneală și le demonstrează tinerelor că *există* o cale mai bună. Suficient de îndrăznețe, încât să nu se ferească de subiecte incomode, răspund cu adevăruri biblice unor întrebări dificile, conturând frumos planul lui Dumnezeu pentru relațiile sexuale și, de asemenea, ne provoacă să Îl căutăm pe Cel ce poate împlini, în cele din urmă, dorințele oricărei fete. După ce vei lectura cartea aceasta, te vei simți animată și pregătită să umbli în puritate, chiar și într-o cultură care numai pură nu e."

Sara Barratt, autoare, editor-șef, vorbitoare

„Generația mea are nevoie de această carte. Într-o cultură care transmite constant mesaje denaturate și contradictorii despre sex, avem nevoie de adevăruri biblice care să contracareze minciunile pe care le auzim. Bethany și Kristen ne ajută cu amabilitate, modestie și înțelepciune să explorăm aceste subiecte complexe, îndreptându-ne atenția spre Cuvântul lui Dumnezeu. Orice fată din secolul XXI are nevoie să audă aceste lucruri!"

Jaquelle Crowe, autoare

„O lectură extraordinară! Kristen și Bethany se ocupă de un subiect dificil cu grație absolută, sinceritate debordantă și claritate biblică. Orice fată trebuie să citească această carte."

Sean și Jenny Perron, consilieri și autori

„Undeva între mesajele obraznice despre sex ale culturii în care trăim și tăcerea ciudată a Bisericii, își face apariția *Sexualitate, puritate și tânjirile inimii oricărei fete*. Tânjind să văd această generație de tinere umblând în libertate, nu pot să laud suficient această carte. Bethany și Kristen ne aduc aminte că sexualitatea e coruptă, dar o putem răscumpăra dacă alegem să căutăm răspunsuri în manualul suprem al relațiilor: Cuvântul lui Dumnezeu."

Erin Davis, scriitoare și blogger

„Kristen și Bethany își folosesc experiența pentru a ne arăta că sexualitatea după modelul lumii nu înseamnă libertate; este sclavie. Ele își provoacă cititoarele să coboare în adâncimile riscante ale suferinței umane, dar scriitura lor e plină de har și adevăr, îndreptându-ne atenția spre Cel ce ne eliberează. Kristen și Bethany folosesc Cuvântul lui Dumnezeu, ajutorul Duhului lui Cristos și puterea salvatoare a crucii pentru a le arăta tinerelor metode practice de a o rupe cu păcatele sexuale și rușinea indusă de ele și de a trăi în libertatea dătătoare de viață a purității sexuale."

Candice Watters, soție, mamă și scriitoare

„Transformatoare. Plină de speranță. La țanc. Eliberatoare. După ce am citit această carte, personal am găsit eliberarea sexuală în aspecte în care nici măcar nu îmi dădeam seama că am probleme. O recomand oricărei fiice, soții, surori, mame și prietene, indiferent de vârstă!"

Alyssa Stephens, fiică, soră mai mare și de multă vreme fană a GirlDefined

„În sfârșit, o carte care abordează sexualitatea într-o manieră biblică, cu eleganță și tact. Kristen și Bethany ne învață din Scriptură, revigorant de sincer și fără menajamente, de ce Dumnezeu ne-a creat cu dorințe sexuale și ce să facem în privința aceasta. Această carte oferă speranță oricărei fete care s-a întrebat vreodată dacă e singura care se luptă cu poftele carnale, singura care se zbate să se elibereze din sclavia propriilor dorințe sau singura care vrea să afle adevărul despre planul minunat al lui Dumnezeu pentru sexualitate. Ba mai mult, în aceste pagini, fetele tinere vor găsi zeci de versete și adevăruri practice care le îndrumă pe calea adevăratei libertăți sexuale, pe care o aduce viața trăită după planul lui Dumnezeu."

Allison Bontrager, blogger

„Am o întrebare: Unde a fost cartea asta toată viața mea? Kristen și Bethany ne pun și de data asta în mâini o resursă de nădejde. Cu gentilețe, dar convingere fermă, ne servesc o altă porție de adevăr. Fă-ți un favor și lecturează această carte! Las-o să te pătrundă și dă-o mai departe. Nu există aspect și detaliu al vieții tale pe care Dumnezeu să nu-l poată răscumpăra. Această carte (pe lângă Cuvântul lui Dumnezeu) e un punct de plecare extraordinar spre vindecare și răscumpărare."

Crystal Navarro, doar o întruchipare deficitară a perfecțiunii lui Isus și o susținătoare a GirlDefined

Kristen Clark și Bethany Beal

Sexualitate, puritate și tânjirile inimii oricărei fete

Traducere de Narcisa Țiulete

CASA CĂRȚII
Oradea, 2020

Cartea a fost publicată în limba engleză cu titlul *Sex, Purity, and the Longings of a Girl's Heart,* la Baker Books, un imprint al Baker Publishing Group, P.O. Box 6287, Grand Rapids, Michigan, 49516, SUA.

Sexualitate, puritate și tânjirile inimii oricărei fete
de Kristen Clark și Bethany Baird

OP 2, CP 30
410670, Oradea
Tel./Fax: 0359 800 333; 0728 874975; 0259 469 057
E-mail: info@ecasacartii.ro
www.ecasacartii.ro

Descrierea CIP a Bibliotecii Naţionale a României
CLARK, KRISTEN
Sexualitate, puritate şi tânjurile inimii oricărei fete / Kristen Clark şi Bethany Beal ; trad. de Narcisa Ţiulete. - Oradea : Casa Cărţii, 2020
ISBN 978-606-732-173-9

I. Baird, Bethany
II. Ţiulete, Narcisa (trad.)

176

Traducerea: Narcisa Ţiulete
Editarea: Lavinia Filipaș
Tehnoredactarea: Vasile Gabrian
Coperta: Marius Bonce

Tiparul executat la Metropolis srl, str. Nicolae Jiga 31, Oradea
Tel./Fax: 0259 472 640

Comunității de surori GirlDefined din lume —
vă mulțumim pentru că ne-ați încurajat
să scriem *această* carte.
Ne rugăm să vă transforme viața,
pentru gloria lui Dumnezeu.

CUPRINS

Partea I

Sexualitate coruptă

1. TOATE SUNTEM CORUPTE SEXUAL

Această revistă nu semăna cu nicio alta pe care eu (Bethany) o mai văzusem vreodată în cei 8 ani de viață. Mă holbam la paginile pe care le frunzărea vântul. Coperta cândva lucitoare era murdară și ruptă, ca și când fusese călcată de prea multe mașini. Dar fotografiile. *Ce era asta?* Ridicând privirea, am văzut-o pe Kristen, sora mea mai mare decât mine cu doar 2 ani, venind înspre mine pe trotuar.

— Hei, vino aici, i-am zis aproape în șoaptă. Am găsit ceva interesant.

Kristen a venit în grabă la mine.

— Ce este? m-a întrebat ea.

— Nu știu, i-am răspuns eu.

Odată ajunsă lângă mine, Kristen s-a uitat la revista care zăcea la picioarele mele. Ca o adevărată soră mai mare, a ridicat-o fără să stea pe gânduri. După ce s-a holbat la copertă câteva secunde, a frunzărit paginile mototolite. Privindu-mă fâstâcită, a zis încet:

— Haide înăuntru!

A făcut revista sul în mână și am intrat rapid în casă. După ce am ajuns în dormitor și am încuiat ușa, Kristen a aruncat revista pe podea. Câteva minute, niciuna nu a zis nimic. Nu prea știam ce să facem. După ce ne-am făcut puțin curaj, am început să o frunzărim.

— Nu înțeleg despre ce e vorba, i-am zis eu lui Kristen, în timp ce m-am oprit la o fotografie cât pagina.

— Nici eu, a zis și ea.

Eu și Kristen, fetițe inocente, ne uitam pentru prima dată în viața noastră la imagini pornografice.

Inimioarele noastre au început să bată mai tare. Deși nu înțelegeam la ce ne uitam, știam că ceva nu era în regulă.

După alte câteva minute, Kristen a închis brusc revista și a zis:

— Trebuie să o aruncăm.

— Da, așa cred și eu, i-am spus în timp ce m-am ridicat în picioare.

Cu mâinile transpirate, am verificat să nu fie nimeni pe hol, ne-am furișat repede afară și am fugit pe trotuar. Aerul proaspăt și soarele cald ne-au făcut bine.

— Aici! a zis Kristen, oprindu-se brusc.

Eram la patru case distanță de casa noastră. Stând lângă cutia poștală mare, din cărămidă, a vecinului, a început să sape în pământ cu mâinile.

— Ajută-mă! mi-a șoptit panicată.

— Ce facem? De ce să... A! Vrei să o îngropi!

Sărind la pământ să o ajut, am început să scurm în pământul tare cât de repede puteam. Nu voiam să mai văd niciodată în viața mea acele imagini ciudate. După ce am săpat o groapă suficient de adâncă, am împăturit revista în patru și am așezat-o în ea. Împreună am astupat groapa la loc cu pământ. Ne-am ridicat cu mâinile aproape sângerânde și unghiile pline de pământ.

Ne-am uitat la grămăjoara noastră. Movilița semăna cu un mormânt în miniatură.

Ne-am simțit libere. Revista ciudată ne crease un sentiment bizar. Ștergându-ne mâinile de tricourile cu model floral, ne-am întors acasă. Secretul nostru avea să rămână îngropat odată cu revista aceea pentru încă zece ani.

Romanele romantice și dorințele sexuale

Expunerea mea (Bethany) nesolicitată la conținut pornografic din ziua aceea nu a fost începutul unor dependențe care mi-au schimbat viața, dar a fost începutul a altceva. Întrebări. Confuzie. Curiozități. Fără să realizez ce mi se întâmplă, perspectiva mea despre sexualitate a fost influențată mai subtil ca niciodată.

După ce am mai crescut puțin, am început să fiu conștientă de imaginile și mesajele din jurul meu. Am văzut cuvintele *„Cea mai bună partidă de sex acum pentru tine"*, cu litere îngroșate pe coperta unei reviste din magazin. *„Dansatoare sexy în fiecare noapte!"* mi-a atras privirea pe afișul unui club de noapte. *„Pasiune și dragoste"* scria cu roșu pe coperta unui roman erotic.

Am văzut. Am observat. Mintea mea fragedă era curioasă.

Ajungând adolescentă, am observat alte schimbări. *Dorințele* mele. Fără avertisment, am început să am dorințe și tânjiri sexuale. Imaginația mea a început să zburde prin fantezii care îmi fuseseră străine până atunci. Eram atrasă de băieți în moduri noi și captivante.

Într-o vară, pe la 15–16 ani, am început să lucrez într-o librărie creștină. Nu după mult timp, am descoperit romanele de dragoste. Da, m-au prins imediat. Deși erau doar romane „creștine" de dragoste, mi-au stârnit aceleași visuri romantice și dorințe sexuale. Aceste romane au trezit ceva în adâncul sufletului meu. Dorințe. Curiozități.

M-am întrebat adeseori: „E bine sau e rău ceea ce simt? Sunt normală sau sunt ciudată?" Nu prea știam ce să fac cu proaspăt-descoperitele mele dorințe, așa că le-am ținut pentru mine.

M-am întrebat adeseori: „E bine sau e rău ceea ce simt? Sunt normală sau sunt ciudată?"

Spre sfârșitul verii, o altă carte din librărie mi-a atras privirile: o carte creștină despre puritate. Pentru prima dată, am înțeles puțin din perspectiva amplă a lui Dumnezeu cu privire la sentimentele și dorințele mele sexuale. Deși cartea m-a ajutat să înțeleg mai bine planul lui Dumnezeu pentru sexualitate, dorințele mele nu au dispărut. Încă mă luptam cu gândurile senzuale. Oscilând între poftă carnală și puritate, voiam să fac ceea ce este bine. Voiam să Îl onorez pe Dumnezeu, dar încă nu știam cum.

Și tânjeam după tipi trăsnet...

Experiența mea (Kristen) din copilărie este asemănătoare cu a lui Bethany, dar are câteva intrigi și mistere diferite. Expunerea la revista aceea mi-a lăsat câteva imagini întipărite în minte. Nu mai puteam să scap de ele. Îmi treceau prin minte când mă așteptam mai puțin. Îmi era atât de rușine să îmi întreb părinții despre ceea ce văzusem, dar tânjeam să aflu mai multe. Aveam întrebări. Multe. Am fost copilul care întreba „de ce" la tot pasul. Ei bine, mai puțin când era vorba despre sex. Subiectul acela, dintr-un anumit motiv, mă speria, dar tot îmi doream răspunsuri. Mintea mea de copiliță se gândea la lucruri mari, lucruri despre care nu vorbeam cu nimeni niciodată.

La scurtă vreme, mi-am descoperit propria paletă de dorințe și pofte sexuale. Chiar înainte să intru la pubertate, am descoperit masturbarea. La cei 11 ani ai mei, habar n-aveam ce făceam. Dar părea ceva bun. Mi se părea firesc (mai multe despre acest subiect în capitolele care urmează).

Și puterea mea de imaginație era bombardată cu gânduri senzuale.

În adolescență, gândurile mele s-au transformat din situații imaginare în scenarii cu băieți reali. Îmi aduc aminte că am cunoscut un băiat și mi s-a părut cel mai trăsnet tip de pe planetă. Privirile lui mi-au confirmat că și el credea același lucru despre mine. Am stat de vorbă câteva minute. Simțeam că mă topesc după el. După ce ne-am despărțit, am făcut ce face orice fată care vrea să pară dură. L-am căutat pe rețelele sociale.

Căutând în albumele lui din trecut, (trebuia să scotocesc prin arhive), am descoperit că acest tip era și mai trăsnet online! Atunci nu aș fi zis că am avut o poftă carnală, dar exact asta se întâmpla în inima mea. Privindu-i fotografiile lui în bustul gol, simțeam că mi se taie răsuflarea.

În intimitatea camerei și a inimii mele, m-am lăsat pradă poftelor mele.

Ochii mei au poposit insistent asupra mușchilor lui bine conturați. Mintea mea colinda pe coclauri sexuale. În intimitatea camerei și a inimii mele, m-am lăsat pradă poftelor mele. Simțeam că nu fac bine, dar nici nu știam cum ar trebui să procedez. În adâncul inimii, știam că gândurile mele nu Îl onorează pe Dumnezeu, dar, din moment ce nu le dădeam curs, mi-am zis că nu e mare lucru.

Eram convinsă că puritatea înseamnă mai mult cum arăți la exterior decât ce simți în inimă.

Fetele creștine sunt aur curat

Deși noi două am crescut într-un cămin creștin, ne-am luptat cu păcate sexuale și ispite ca oricine altcineva. Nu de puține ori, dorințele noastre secrete au fost denaturate și egoiste. Gândurile noastre erau uneori pline de pofte carnale. Fiind nelipsite de la biserică și de la școala duminicală, am auzit de multe ori vorbindu-se despre puritate. Am citit multe cărți despre planul lui Dumnezeu pentru dragoste și puritate. Am citit din Biblie și am văzut că Dumnezeu ne cheamă „să fugim de desfrâu" (1 Cor. 6:18), dar tot ne era greu. Nu înțelegeam scopul măreț al lui Dumnezeu pentru sexualitate.

Pe măsură ce ne apropiam de ultimii ani ai adolescenței, amândouă am acceptat ideea de a păstra sexul pentru căsătorie, dar nu am înțeles pe deplin „de ce" era important să facem acest lucru. Eram hotărâte să urmărim puritatea, dar mai mult din dorința de a evita consecințele decât din dorința de a-L onora pe Dumnezeu. Ne doream din toată inima să fim creștine devotate, dar ne gândeam mai multe la fapte, decât la dependența umilă de harul lui Dumnezeu și puterea Lui de a ne schimba.

Deși ne luptam cu ispitele și poftele carnale, încă ne consideram fete creștine de treabă. De vreme ce nu comisesem niciodată „păcate grave", credeam că suntem destul de neprihănite. Fără să spunem cu voce tare, ne consideram niște fete creștine de aur.

Toate suntem corupte sexual

Oricât de „bune" credeam noi două că eram la un moment dat, Dumnezeu nu ne-a lăsat să zăcem în mândria noastră. Fiindcă este un Tată atât de bun, El ne-a ajutat să realizăm ce perspectivă greșită aveam. Dar nu am înțeles acest lucru peste noapte. A fost un proces. Și încă nu s-a încheiat. În anii care au urmat, Dumnezeu ne-a ajutat să ne vedem propriile defecte. Nu eram chiar așa imaculate cum credeam. Nu eram chiar așa de bune cum credeam. Păcatul sexual din inimile noastre era la fel de rău ca orice alt păcat sexual vizibil. Am început să vedem că, în ochii lui Dumnezeu, o corupere a neprihănirii, oricât de mică ar fi, tot corupere rămâne. Aceasta ratează ținta sfințeniei autentice. Problema noastră nu era un păcat izolat care apărea din când în când la suprafață; era o *condiție* păcătoasă care pătrundea în toată ființa noastră. Ne naștem cu o natură păcătoasă care locuiește în noi, care ne-a influențat fiecare aspect al vieții noastre și care ne desparte, în cele din urmă, de Dumnezeul sfânt și neprihănit (vezi Rom. 7:18; Ioan 14:6).

> Inimile noastre nu au fost niciodată integre, au fost corupte.

Acum, apropiindu-ne de 30 de ani, avem o perspectivă cu totul diferită. Ochii noștri au văzut realitatea și adâncimea păcatului nostru și am descoperit ceva profund. Nu am fost „de fapt" niciodată bune.

Nici măcar pe aproape. Inimile noastre nu au fost niciodată integre, au fost corupte. Dorințele noastre nu au fost niciodată perfecte, fiindcă au fost tot timpul denaturate de natura noastră păcătoasă.

Am înțeles acum mai mult ca niciodată că avem nevoie disperată de Isus. Și noi avem nevoie de iertarea lui Dumnezeu la fel de mult cum are nevoie și „lumea". Avem nevoie ca neprihănirea Lui să acopere păcatul nostru. Din fericire, Isus a murit pe cruce și a înviat pentru a învinge puterea păcatului și pentru a ne deschide calea spre o relație cu Dumnezeu. El a luat asupra Sa pedeapsa pe care noi, oamenii, o meritam, pentru a potoli mânia lui Dumnezeu (Rom. 5:9; 1 Ioan 4:12). Primind plata lui Isus în numele nostru, putem sta iertați înaintea lui Dumnezeu (mai multe despre acest lucru în capitolul 5). Pe măsură ce Isus ne schimbă felul de gândire, El ne transformă dorințele murdare în dorințe curate. În loc să ne continuăm mersul țanțoș în auto-neprihănire, acum învățăm să umblăm smerite și dependente de El. Avem nevoie de harul și puterea Lui în fiecare zi.

Prietena noastră, dr. Juli Slattery, expert respectat în ceea ce privește sexualitatea biblică, a făcut afirmația că „toți suntem corupți sexual".[1] Pe măsură ce am înțeles mai bine planul lui Dumnezeu cu privire la sexualitate, ne-am dat seama că are dreptate. Oamenii nu sunt fie „integri" sexual, fie „corupți" sexual. Realitatea este că „toți" suntem corupți sexual. Absolut toți. Vorbind cu alți creștini (noi sau veterani), au spus același lucru despre ei înșiși.

Cu toții ducem anumite lupte sexuale sau denaturări din cauza păcatului. Niciunul nu e integru în totalitate. Nimeni nu e complet pur. Niciunul nu trăiește după planul perfect al lui Dumnezeu pentru sexualitate, așa cum a fost gândit la început. Indiferent de mediul din care venim, educație, rasă sau vârstă, toate ne confruntăm cu impuritatea sexuală. Sigur, aceasta arată diferit pentru fiecare în parte. Dar fiecare dintre noi ne luptăm cu asta. Fie că e vorba de un păcat secret, fie de o poftă carnală ocazională, promiscuitate sexuală sau dorințe homosexuale, pornografie, dependență, masturbare sau altceva, un lucru e clar: noi, oamenii, suntem corupți sexual.

În ultimii ani, am primit mii de e-mailuri de la femei ca tine și ca noi, care ne-au împărtășit luptele lor în ce privește sexualitatea. Pregătindu-ne să scriem această carte, am făcut un sondaj pe site-ul GirlDefined.com și am întrebat 450 de femei creștine despre bătăliile lor pe terenul sexualității. Iată ce au spus câteva dintre ele (pentru a le proteja intimitatea, numele nu apar):

> „*Mă lupt* cu pornografia de ceva vreme și nu știu ce să fac. Mi-e rușine și teamă să nu se afle. Am nevoie de ajutor, dar nu pot să am parte de el, fiindcă mi-e prea rușine să le spun celorlalți."

> „Când eram mică, *am fost victima* mai multor abuzuri. Prin urmare, am avut multe probleme și sufăr de multă vreme de dependențe și depresie."

> „*Mă simt atrasă* de femei. Am problema asta de când mă știu. Dacă e atât de greșit, de ce nu mă scapă Dumnezeu de dorințele mele?!"

> „*În mintea mea se duce un război.* Pofta carnală îmi copleșește gândurile aproape în permanență."

Aceste femei sunt creștine. Se luptă. Suferă. Fiecare în parte suferă de o anumită formă de corupere sexuală. Fie că ea comite un păcat sau că cineva comite un păcat împotriva ei, fiecare femeie suferă.

Dacă ar fi să adaugi propria ta luptă la această listă, ce ai spune? Când te gândești la trecutul și la prezentul tău, cum a fost afectată sexualitatea ta de păcate?

Uneori ne e ușor să credem că suntem singurele care se luptă, dar nu e așa. Fiecare în parte ducem o povară. Fiecare în parte ne luptăm cu propria corupere sexuală. Fiecare avem nevoie disperată de *restaurare* sexuală.

Călătoria în care te-ai format

De când te-ai născut și până acum, ești într-o călătorie. Parcurgând zilele, săptămânile, lunile și anii vieții tale, ai învățat lucruri. Ai experimentat lucruri. Ai fost expusă unor lucruri. Ai ales lucruri. Fie că realizezi, fie că nu, ți-ai format perspectiva despre sexualitate în urma acestor lucruri.

Pe lângă experiențele tale personale, ai mai fost formată de societatea din jurul tău. Din nefericire, fiindcă cea mai puternică voce care ne definește sexualitatea este cultura societății, perspectiva ta despre sex a fost cel mai probabil influențată de ea.

În cartea ei *Rethinking Sexuality* [Reconsiderarea sexualității], dr. Slattery scrie: „Într-o zi, mi-a picat fisa. Lumea ne face educația sexuală.. Ce vreau să spun este că am fost învățați să vedem sexualitatea din perspectiva istoriei lumii. Cred că cei mai mulți creștini sunt mai obișnuiți să vadă sexualitatea prin lentilele culturii decât din perspectivă biblică."[2]

Lumea are multe de spus despre sexualitate.

Lumea are multe de spus despre sexualitate. Vocea ei e puternică. În filmele populare, cărți, muzică, reclame, reviste, internet, educația sexuală are loc peste tot. Iar mesajele culturii pop sunt îndrăznețe: *Fii liberă. Fă sex. Fă-ți de cap. Ascultă-ți inima. Simte-te bine. Fă-o acum.* Când te gândești la parcursul tău de până acum, ce legături poți face între influența culturii pop asupra înțelegerii tale în ce privește sexualitatea, fie ea negativă sau pozitivă? Ce anume ți-a format convingerile despre sex? Ce anume te-a influențat cel mai mult?

În mare măsură, confuzia cu privire la sexualitatea noastră este rezultatul faptului că ne lăsăm educați de lume. Singura cale de a ne răscumpăra sexualitatea este să ne întoarcem la Cel ce ne-a creat. În loc să continuăm să ascultăm de lume și de inimile noastre păcătoase, trebuie să ne lăsăm educați de Cel care ne-a creat. Cel care ne iubește și ne-a dat viață. Cel care ne înțelege sexualitatea și are un plan bun și frumos pentru ea.

Noi nu știm prin ce ai trecut tu. Nu cunoaștem confuzia și durerea din viața ta. Dar Dumnezeu știe. El știe și Îi pasă mult. El te vede și te iubește. El știe că tot ce ai trăit, tot ce ai făcut, tot ce ai văzut, auzit sau învățat te-a adus în acest punct azi. Și știi ceva? El vrea să îți ierte trecutul (vezi 1 Ioan 1:9). El vrea să îți răscumpere viitorul (vezi Is. 61:3). El vrea să îți reînnoiască inima și mintea (vezi Rom. 12:2). El vrea să te elibereze de păcatul cu care te-ai obișnuit (vezi Ps. 51:10). El vrea să-ți înțelegi din nou sexualitatea (vezi 2 Tim. 2:21). El vrea să transforme coruperea ta în frumusețe, pentru gloria Lui.

De ce am scris această carte

Dumnezeu ne-a creat în mod intenționat ființe sexuale. Încă de la începuturi, ne-a creat cu dorințe sexuale. El ne-a creat astfel în mod intenționat, cu un scop. El nu este ființa celestă care vrea să ne strice bucuria și să ne strivească tânjirile sexuale. El este un Creator iubitor, care vrea să ne îndrume sentimentele în direcția bună. Din dragoste, a trasat niște parametri admirabili, care să ne ajute să ne acceptăm sexualitatea în mod corect. Ne-a creat ființe sexuale pentru a ne învăța adevăruri spirituale despre Sine. Ne-a creat să tânjim după intimitate, pentru a ne atrage într-o relație autentică și apropiată cu El. Ne-a creat ființe relaționale, fiindcă și El este la fel. Ne-a creat să fim împliniți complet în El.

> *Dumnezeu ne-a creat în mod intenționat ființe sexuale.*

Cu cât urmărim mai mult planul bun al lui Dumnezeu, cu atât mai clare ne vor fi lucrurile. Cu cât umblăm mai mult după

Mântuitorul nostru, cu atât mai mult ne va împlini așa cum nimic de pe acest pământ nu o poate face.

Ești la începutul unei noi etape a călătoriei tale prin paginile acestei cărți, iată ce vei descoperi:

- O înțelegere biblică a sexualității
- Planul bun al lui Dumnezeu pentru dragoste, pasiune și sex
- De ce dorința ta de intimitate este de fapt un lucru bun
- Cum să învingi poftele carnale din viața ta
- Ce te învață Dumnezeu despre pornografie, masturbare și erotism
- Ce să faci cu luptele sexuale ascunse
- Ajutor practic pentru a căpăta o inimă pură
- Cum să găsești împlinire totală în Isus
- Multe altele

Indiferent prin ce ai trecut sau treci acum, noi două ne bucurăm că citești această carte. Ne rugăm ca adevărurile Cuvântului lui Dumnezeu să îți transforme viața așa cum ne-au transformat-o și nouă.

În loc să acceptăm o viziune falsă despre sexualitate, este timpul să căutăm adevărul. În loc să fim o pradă ieftină a senzațiilor tari și a plăcerilor trecătoare, este vremea să luptăm pentru ceea ce durează. În loc să ne împotmolim în păcate ascunse și în întuneric, este vremea să fim libere.

E vremea să îți accepți sexualitatea așa cum a gândit-o Creatorul. Cu pasiune, scop și puritate. *Toate pentru gloria Lui.*

2. POFTA CARNALĂ ESTE ȘI PROBLEMA FETELOR

Katie părea nervoasă. Aproape speriată. Eu (Kristen) mă întrebam ce îi trecea prin cap. S-a apropiat neștiind ce să facă. Părea că se răzgândise și că voia să se întoarcă din drum. Înainte să plece, m-am uitat în ochii ei și i-am zâmbit cald și prietenos. A fost suficient pentru ca ea să înțeleagă că îmi păsa de ea. Am îmbrățișat-o strâns, în timp ce ea plângea, iar rimelul îi curgea pe obraji.. Am stat așa vreo două minute. Ea ofta. Era clar că orice i-ar fi trecut prin cap fusese încuiat acolo bine, sub cheie, de ceva vreme.

În sfârșit, venise vremea adevărului pentru Katie.

O oră întreagă Katie mi-a povestit despre lupta pe care o ducea și rușinea pe care o simțea. Ani de durere ieșeau în sfârșit la suprafață. Pentru prima dată în viața ei, își mărturisea lupta cu pornografia pe care o ducea de ani de zile. Cum a adus adevărul acesta la lumină, Katie a simțit că i se ridică o povară uriașă de pe umeri. Nu mai ducea lupta de una singură. Avea acum parte de întăriri.

Eu și Katie ne-am simțit extraordinar în ziua aceea. Ne-am rugat, am plâns, am pus bazele unui adevărat plan de luptă care să o ajute să umble în har, iertare și victorie din acel moment înainte. După ce Katie și-a șters ultimele lacrimi, m-am uitat la ea și am întrebat-o blând de ce așteptase atâta amar de vreme să spună despre lupta ei cu pornografia. Răspunsul ei a fost simplu, dar cumplit de trist. A spus: „Mereu am crezut că numai băieții au pofte carnale, nu și fetele. Am crezut că sunt singura fată care se luptă cu pornografia, prin urmare am păstrat acest secret întunecat pentru mine. Numai când te-am auzit pe tine mărturisind despre luptele tale secrete cu masturbarea, m-am simțit liberă să mărturisesc și eu despre luptele mele sexuale. Azi e prima dată când am înțeles că nu sunt singura fată care se luptă cu pofta carnală."

Povestea lui Katie este doar una dintre numeroasele povești adevărate pe care femeile ni le-au mărturisit. De-a lungul anilor, sute de femei și-au făcut curaj să ne ceară ajutorul în luptele lor sexuale. Stând de vorbă cu aceste femei, am întrebat adeseori de ce au așteptat atât de mult să ceară ajutor. De ce au ales să tacă.

„Am simțit că sunt singura femeie care se luptă cu pofta carnală."

Răspunsul lor e aproape același: „Am simțit că sunt singura femeie care se luptă cu pofta carnală. Nu aveam cum să împărtășesc despre luptele mele, când simțeam că nimeni nu mă înțelege."

De aceea au tăcut. Fiecare femeie în parte a ajuns la concluzia că e singura femeie din lume care se luptă cu pofta carnală. În loc să vorbească sincer despre problema lor, multe au simțit că trebuie să meargă singure pe această cale. Dacă erau singurele care se luptau cu pofta carnală, trebuiau să ducă singure lupta aceea. Cum să vorbească sincer despre asta dacă nimeni altcineva nu le înțelegea?

Deși multe am crezut că suntem singurele care se luptă cu pofta carnală, nu suntem deloc singure. Iată ce au spus multe femei creștine despre pofta carnală:

„Mă lupt cu *pofta carnală* în fiecare zi."

„*Mă lupt cu pofta carnală* și când sunt singură, și când sunt într-o relație."

„*Pofta carnală este o problemă* cu care se luptă toate fetele, dar se vorbește foarte rar despre ea în Biserică."

„*Nimeni nu vorbește despre pofta carnală.* Noi, fetele, suntem confuze și frustrate. Avem nevoie să vorbim sincer cu cineva și să ne ajute să înțelegem ce spune Biblia despre acest subiect și cum putem trăi pure înaintea Domnului: fizic, mintal și emoțional."

Aceste femei au fost sincere și disponibile să își pună povestea pe tavă. Pentru ele, pofta carnală este sută la sută și o problemă a fetelor. Fără îndoială.

Pentru a schimba ceva în ceea ce privește pofta carnală, trebuie să fim sincere cu noi înșine și cu alții. Trebuie să începem să vorbim despre luptele noastre și să împărtășim sincer cu alte femei. Tăcerea în privința acestui subiect nu va face decât să complice lucrurile.

Dacă pofta carnală se ascunde sub stindardul fals că e „problema băieților", femeile vor continua să tacă și să rămână sclave. Noi, femeile, vom rămâne singure și izolate în luptă.

Nu e o problemă a băieților, e o problemă a ființei umane

Crescând într-o biserică și într-o familie creștină, noi două suntem de acord că pofta carnală este cel mai des prezentată ca fiind o problemă a băieților. Băieții fac studii biblice despre lupta cu pofta carnală. Băieții merg la conferințe despre puritate și păzirea ochilor. Băieții participă la grupurile de suport pentru luptele lor sexuale. Dar femeile din societatea de azi găsesc mai greu acces la aceleași resurse și oportunități.

Din fericire, acest lucru începe ușor să se schimbe.

Din ce în ce mai multe femei își exprimă îngrijorări similare cu cele pe care le-am amintit mai sus și cer ajutor sincer. Datorită acestui lucru, începem să vedem cum se schimbă apele portretizării poftei carnale dintr-o problemă specifică bărbaților într-o problemă specifică omului.

În predica intitulată „Lupta cu necredința în pofta carnală", pastorul John Piper descrie problema poftei carnale astfel: „Dorința sexuală în sine e bună. Dumnezeu a creat-o de la început. Își are locul ei. Dar a creat-o sub guvernarea, regulamentul și îndrumarea a două lucruri: respectarea celuilalt și sfințenie înaintea lui Dumnezeu. Pofta carnală este forma pe care o ia dorința sexuală când respectul și sfințenia lipsesc."[1]

Cele două cuvinte pe care le folosește pentru a descrie pofta carnală sunt de mare ajutor: *respect* și *sfințenie*. Atunci când dorințele noastre sexuale nu au respect pentru cealaltă persoană și nici sfințenie față de Dumnezeu, ajungem să poftim carnal. Atunci când eu ca femeie visez la un tip trăsnet, care nu este soțul meu, nu arăt respect față de omul acela și nici nu umblu în sfințenie față de Dumnezeu. Poftim când ne purtăm în acest fel. E simplu și clar. În același fel, când un tip se uită la o femeie și o dezbracă din priviri, el nu o respectă și nici nu umblă în sfințenia lui Dumnezeu. El poftește. La rădăcina acestor două scenarii este un singur lucru: păcatul sexual. Felul în care se manifestă păcatul sexual în viața bărbaților și a femeilor arată, poate, diferit, dar motivul este același. Asta fiindcă atât bărbații, cât și femeile își doresc relații sexuale. Ambele genuri sunt create ființe sexuale.

Ambele genuri sunt create ființe sexuale.

În ciuda a ceea ce crezi acum, poate, despre propria-ți sexualitate sau în legătură cu felul în care este aceasta zugrăvită de societate, bărbații și femeile sunt create ființe sexuale. Acum mult timp, în grădina Eden: „Dumnezeu a făcut pe om după chipul Său, l-a făcut după chipul lui Dumnezeu; parte bărbătească și parte femeiască i-a făcut" (Gen. 1:27). Deși i-a făcut unici și diferiți, un lucru a fost la fel. Amândoi au fost făcuți ființe cât se poate de sexuale. În amândoi a fost sădită însușirea de a se bucura de intimitate sexuală și de a-și dori relații sexuale.

După mii de ani, avem o lume plină de descendenți ai lui Adam și ai Evei. Gândește-te! Dumnezeu a creat un bărbat și o femeie. În grădina perfectă, putem presupune că au avut parte de intimitate pasională (creată și dăruită de Dumnezeu ca parte minunată a umanității lor), care a dus la apariția copiilor. Noi, femeile din secolul XXI, suntem pe acest pământ ca urmare a acelei relații sexuale inițiale. Suntem rezultatul a două ființe sexuale care, împreună, au creat viață.

Deși trăim într-o eră cu mult diferită de cea a lui Adam și a Evei, semănăm mult cu ei. Suntem la fel de sexuale ca străbuna rasei umane, Eva, fiindcă Dumnezeu ne-a creat astfel.

Bărbați și femei: care e diferența?

Haideți să vedem câteva diferențe majore între bărbați și femei. Aceste explicații simple te vor ajuta să înțelegi cum funcționezi tu, ca femeie, și cum funcționează bărbații. De asemenea, ele te vor ajuta să recunoști cauzele esențiale ale poftei tale carnale în comparație cu cauzele poftei bărbaților. (Nu uita că sunt diferențe stereotipice. Asta înseamnă că nu sunt întotdeauna sută la sută adevărate pentru fiecare bărbat și fiecare femeie.)

Bărbații

- Bărbații sunt creați să fie interesați de femei și, deseori, sunt încântați de interesul femeilor.

- Bărbații sunt excitați sexual de ceea ce văd (de aceea femeile poartă deseori lenjerie).
- Bărbații de obicei găsesc aspectul fizic al unei relații mai plăcut decât cel emoțional.
- Bărbații tânjesc să fie doriți sexual de soțiile lor. Acest lucru le confirmă masculinitatea și le arată că sunt valoroși și respectați.
- Bărbații sunt creați fizic să dăruiască femeilor într-o relație sexuală. Fizicul unui bărbat nu face decât să reflecte rolul său distinct.

FEMEILE

- Femeile sunt create să răspundă și, deseori, sunt foarte încântate de interesul unui bărbat.
- Femeile sunt excitate sexual de atingere și vor să fie dorite și să stârnească dorința de a fi atinse (e un motiv pentru care femeilor le place lenjeria).
- Femeile se bucură de obicei de plăcerea fizică cel mai mult atunci când aceasta vine la pachet cu apropierea emoțională.
- Femeile tânjesc ca soții lor să își dorească o relație cu ele. Acest lucru le confirmă feminitatea și le asigură că sunt iubite și prețuite.
- Femeile sunt create fizic să primească de la bărbat în relația sexuală. Fizicul unei femei nu face decât să reflecte rolul ei distinct.

Această comparație simplă nu face decât să arate două lucruri concrete despre bărbați și femei:

1. De obicei, bărbații și femeile dăruiesc și primesc dragoste în mod diferit.

2. Bărbații și femeile sunt creați ființe sexuale. E important să observăm că, deși bărbații și femeile funcționează diferit, ambii sunt ființe sexuale până în măduva oaselor. Noi, femeile, trebuie

De obicei, bărbații și femeile dăruiesc și primesc dragoste în mod diferit.

să recunoaștem felul unic în care suntem create ca ființe sexuale, pentru a putea face față mai bine în lupta cu pofta carnală de zi cu zi.

Suntem împreună în aceeași barcă

Acum câțiva ani, noi două discutam despre tema conferinței anuale GirlDefined pe care o pregăteam. Aveam câteva idei, dar parcă nu nimeream subiectul cel mai potrivit. Am continuat discuția câteva luni, dar parcă tot nu reușeam să punem punctul pe i. Am hotărât să ne rugăm special pentru conferința care urma, cerându-I lui Dumnezeu înțelepciune. După câteva săptămâni de rugăciune, noi două ne-am întâlnit din nou. Dumnezeu lucrase foarte clar prin rugăciunile noastre. Amândouă am venit cu aceeași idee: *puritate radicală.* Asta era! Urma să organizăm o conferință despre planul minunat și radical al lui Dumnezeu cu privire la sexualitate și puritate.

Lunile care au urmat ne-am ocupat cu planificarea sesiunilor și organizarea detaliilor. Pe măsură ce conferința se apropia, eu (Bethany) îmi aduc aminte că m-am simțit puțin cam intimidată de temă. Ideea de a săpa în dedesubturile sexualității și purității și de a vorbi despre asta la o conferință nu mă încânta neapărat. Mă întrebam cum vor reacționa fetele când eu și Kristen vom pomeni cuvinte precum *pornografie, masturbare* și *poftă carnală.* Se vor simți stânjenite? Se vor simți incomod? Se vor supăra pe noi că vom vorbi la o conferință despre probleme atât de personale? Se vor întoarce pentru restul conferinței după sesiunea de început? Ca să fiu sinceră, gândul că sute de femei se vor strânge ca să ne audă pe noi vorbind despre sexualitate, poftă trupească și puritate mă cam îngrozea. Mă gândeam cu înfiorare ce părere își vor face fetele despre noi. Știam că ne rugasem pentru acel subiect, dar tot îmi era frică.

Pentru a înrăutăți lucrurile, începusem să îmi imaginez ce s-ar putea întâmpla după sesiunea de deschidere. Îmi imaginam cum mă uit în public și văd sute de femei care ne privesc cu ochii mari, îngrozite, șocate și cu părul măciucă. Știu că sună ciudat, dar așa mi-am imaginat.

Când a venit ziua conferinței GirlDefined, eu și Kristen ne-am dus în culise înaintea sesiunii de deschidere și ne-am rugat. Ne-am rugat pentru a primi înțelepciune de la Dumnezeu. Ne-am rugat pentru toate fetele participante. Ne-am rugat ca Dumnezeu să lucreze cu putere în inimile noastre și în inimile fiecărei fete din public. Pășind pe scenă și uitându-ne la fețele prețioase ale atâtor tinere, ne-am dat seama cât de necesar era mesajul nostru. În acel moment, ne-am simțit privilegiate să fim mesagerele unui adevăr atât de important în viața lor.

Tinerele care au participat la conferință în acel an au fost mai receptive decât am fi putut spera noi vreodată. Au fost deschise și sincere să ne povestească despre cele mai profunde și personale lupte ale lor. Ne-au mărturisit de bunăvoie despre dependențele lor ascunse și despre luptele lor cu pofta trupească. Au solicitat sfaturi în plus de la echipa noastră de rugăciune și și-au rededicat viețile Domnului. Conferința a fost o gură de oxigen și încurajare. Ne-au dovedit nouă și lor însele că femeile își doresc cu adevărat victoria prin puterea lui Cristos.

Mă bucur să spun că fetele acelea nu ne-au privit îngrozite, șocate și cu părul măciucă. Au fost încântate și însetate să audă vorbindu-se deschis despre adevărul lui Dumnezeu cu privire la sexualitatea lor.

Femeile își doresc cu adevărat victoria prin puterea lui Cristos.

Schimbarea perspectivei despre pofta carnală va fi de mare folos pentru femeile creștine. Fiindcă din ce în ce mai mulți susțin că pofta carnală este o *problemă umană* (nu doar o problemă a bărbaților), speranța noastră este că femeile vor vorbi sincer despre lupta lor.

Ca femei corupte sexual, suntem împreună în aceeași barcă. Toate avem nevoie de ajutor, încurajare și speranță.

Când te gândești la problema poftei carnale și la starea societății noastre de azi, putem fi ușor descurajate. Sexualitatea poate părea mai mult un blestem decât o binecuvântare. Oriunde te uiți, dai nas în nas cu ispite ademenitoare, care te invită să le ții companie. Așa a fost mereu? A fost sexualitatea mereu la fel de coruptă? E foarte important să înțelegem de ce lucrurile s-au denaturat atât de mult pentru a putea să înfruntăm biblic pofta carnală.

3. CÂND TOT CE E BUN A LUAT-O PE CALEA GREȘITĂ

Nouă ne plac animalele. Dintotdeauna ne-au plăcut. În ultimii ani, dragostea noastră pentru animale ne-a convins pe fiecare în parte să ne luăm câte un câine. Doi Maltipoo albi și pufoși, mai exact. Amândouă ne iubim câinii peste măsură de mult. Dacă ne vizitezi într-o zi de lucru, vei găsi două blonde de 1,85 m, fiecare la computerul ei, cu câte un Maltipoo în poală.

Oricât de mult ne-am iubi câinii și am crede că sunt perfecți, există un dezavantaj pentru stăpânii de animale: îngrijirea. De vreme ce sunt o rasă care nu năpârlește, trebuie tunși manual o dată la câteva luni. Ceea ce devine scump. Repede.

Nu cu mult timp în urmă, pentru mine (Kristen) a devenit împovărătoare suma pe care trebuia să o plătesc ori de câte ori câinele meu, Sadie, trebuia dus la tuns. Oricât de drăguț arată după o ședință de frizură, îmi termina bugetul. Așa că, am făcut ce ar face orice iubitor de animale cu buget mic: am rezolvat problema singură. Aveam ceva experiență fiindcă îl tundeam pe soțul meu, Zack. Cât de greu putea fi să tunzi un câine? Dacă învățam cum să o tund pe Sadie, atunci puteam să cheltuiesc banii aceia pe ceva plăcut. De exemplu, pe decorațiuni pentru casă. Sau pe o pedichiură. Sau pe o tunsoare pentru mine.

După ce am urmărit câteva tutoriale online, nu mi-a venit să cred cât de ușor era. „Am plătit atâta pentru ce?! Cred că e o glumă."

Era floare la ureche.

Pentru început, am pus-o pe Sadie pe o cutie mare, ca să îi pot tunde părul din unghiuri diferite. Fiindcă profesioniștii din video foloseau aparat de tuns, am hotărât să fac și eu la fel. Zack avea un aparat de tuns, pe care m-am gândit că nu l-ar deranja să îl folosesc și pentru câine.

Totul mergea de minune, până când am pornit aparatul. Fără avertisment, Sadie a sărit de pe cutie și a tulit-o. Se pare că aparatul a băgat-o-n sperieți. După o oră, am reușit să o conving să stea liniștită pe masa improvizată pentru tuns. Dar, în clipa când a auzit zgomotul aparatului, a încercat iar să fugă. A treia oară, am fost pe fază. Cu o mână o țineam nemișcată. Cu cealaltă, am început să îi trec aparatul prin păr. S-a zvârcolit. S-a mișcat. A încercat să sară. Mi-a venit însă o idee genială și i-am întins la bot o grămadă de bunătăți. În sfârșit, a stat liniștită. Trei minute. Nu am convins-o.

După trei ore, asudată toată, eram obosită și mai traumatizată decât câinele. După ce am terminat, în cele din urmă, am oprit aparatul și m-am prăbușit în fotoliu. Sadie a sărit jos ușurată. Când am chemat-o ca să îmi admir munca, nu îmi venea să îmi cred ochilor. Cumva, în mijlocul bătăliei, am pierdut din vedere perspectiva de ansamblu. În loc să o tund în mod egal, după moda câinilor Maltipoo, am făcut fix invers.

Era același câine, doar că într-o variantă foarte denaturată a sa.

Neștiind dacă să râd sau să plâng, mă holbam la dezastrul creat. În loc să arate drăguț, ca de obicei, arăta ca un hamster supraponderal care fusese călcat de o mașină de tuns iarba. Arăta cumplit, foarte diferit. De fapt, era greu de recunoscut. Era același câine, doar că într-o variantă foarte denaturată a sa.

Fiindu-mi prea rușine să o las ciopârțită în halul acela, îmi rămăsese o singură soluție: „Frizerul!" Dintr-odată, cheltuiala mi se părea foarte accesibilă. Chiar un chilipir! Cu Sadie în brațe, am condus rușinată cinci kilometri până la frizer. Când am intrat, am văzut șocul din ochii lui. Fără să scoată o vorbă, a luat-o pe Sadie în brațe și mi-a zâmbit: „Ne vedem într-o oră", mi-a zis și mi-a făcut cu ochiul.

Sadie a fost salvată de tunsoarea dezastruoasă.

Oricât de amuzantă ar fi povestirea cu tunsoarea lui Sadie, imaginea pe care nu pot să mi-o scot din minte este cât de diferit arăta față de cum era ea de obicei. Tunsoarea ei era atât de nereușită, încât nici nu mai distingeai că era o Maltipoo. Arăta cu totul anormal.

Când mă gândesc la starea curentă a sexualității, îmi dau seama că este într-o situație similară cu tunsoarea lui Sadie. Sexualitatea a fost atât de ciopârțită, remodelată și alterată, încât arată foarte diferit de planul original al lui Dumnezeu. Noi, omenirea, ne-am îndepărtat atât de mult de planul și intenția originale ale lui Dumnezeu cu privire la sexualitate, încât cei mai mulți am acceptat versiunea ciopârțită ca pe ceva normal. Fără să avem planul original în fața ochilor, nu mai știm ce e corect. Nu mai știm ce e bine. Sexul nu mai are legătură cu căsătoria. Adevărul nu mai are legătură cu Dumnezeu. Drept urmare, căutăm o multitudine de alegeri personale cu privire la sexualitate, fără să avem o busolă care să ne ghideze spre nord. Felul în care ne raportăm la sexualitate astăzi seamănă cu cineva care încearcă să facă un puzzle foarte complicat, fără imaginea de pe cutie.

Făcând un pas în spate și analizând sexualitatea din ziua de azi, nu vedem o capodoperă superbă. Vedem mai degrabă o mare întinsă de confuzie, durere și suferință. Luând frâiele din mâna Celui care ne-a creat, nu am îmbunătățit lucrurile. Ci doar ne-am adâncit și mai mult în coruperea noastră.

Cândva sexualitatea a fost de o frumusețe perfectă.

Pe măsură ce te uiți la deformările pe care le-a suferit sexualitatea, (în societate și în viața ta), te-ai gândit vreodată cum am ajuns aici? Când a apucat-o pe o cale atât de greșită? Când au devenit lucrurile atât de neclare? De ce ne zbatem atât de mult? Așa a fost mereu?

Din fericire, oricât de ciopârțite ar fi lucrurile azi, nu a fost așa mereu și nici nu va fi așa mereu. Cândva sexualitatea a fost de o frumusețe perfectă. Înțeleasă perfect. Apreciată perfect. Acceptată perfect. De fapt, era un paradis. Odată ca niciodată, oameni adevărați trăiau pe acest pământ și le era foarte bine în sexualitatea lor fără defect.

Dorințele lor sexuale erau în armonie perfectă cu intenția Creatorului. Dar e evident că ceva s-a întâmplat. Hai să mergem împreună înapoi în timp în acest loc exotic și misterios. Locul unde a fost creat prototipul ființei sexuale.

Creați ca ființe sexuale

În timp ce soarele strălucea puternic pe cer, ziua a șasea a existenței lumii era în deplină desfășurare. Dumnezeu crease totul, cu excepția unui singur lucru: omenirea. Spre deosebire de animale, copaci și atmosferă, această creație finală avea să fie apogeul lucrării lui Dumnezeu. Oamenii aveau să fie creați unici pentru a oglindi imaginea lui Dumnezeu Însuși. „Apoi Dumnezeu a zis: «Să facem om după chipul Nostru, după asemănarea Noastră»" (Gen. 1:26). Mai mult decât orice altceva în întreaga creație, omenirea avea să spună povestea Celui ce o crease. Designul ei special avea să Îl oglindească pe Creator.

În mod intenționat și având în minte un scop precis, Dumnezeu a făcut cu mâinile Sale primul om din țărâna pământului (vezi Gen. 2:7). Dumnezeu a creat primul om: *un bărbat* (vezi Gen. 2:7). Era perfect dezvoltat, cu anatomie masculină, hormoni masculini și sistem reproducător masculin (vezi Gen. 1:28). Dumnezeu i-a împletit sexualitatea în însăși țesătura ființei sale.

Chiar de la începutul creației, designul sexual fizic al bărbatului într-un fel tainic sugera ceva mai mult. Trupul său fizic a fost clar creat *pentru* altcineva. Dar pentru cine? Nu mai era nicio altă ființă umană pe pământ.

Dumnezeu a avut un plan.

Dumnezeu a pus bărbatul în grădină și i-a dat sarcina de a numi toate animalele. I-a fost clar omului că toate animalele aveau câte un partener, dar pentru el „nu s-a găsit niciun ajutor să i se potrivească" (Gen. 2:20). Dumnezeu l-a adormit pe bărbat, a luat una dintre coastele lui, a închis rana și a început să formeze o creatură nou-nouță (vezi v. 21). Cu mare grijă și precizie, Dumnezeu a făcut cu mâinile Lui o a doua ființă umană unică. Ea a fost *o femeie*. Era diferită de bărbat. Perfect dezvoltată, avea anatomie feminină, hormoni feminini și un sistem reproducător feminin (vezi Gen. 1:28). Designul ei sexual feminin indica spre ceva mai mult. Trupul ei era creat unic pentru *a primi* pe cineva.

În timp ce Adam își freca ochii somnoroși, și-a ridicat privirea și a văzut cea mai uluitoare creatură. *Ea* era făcută *pentru el*. Încântat peste măsură, a sărit în picioare și a zis:

> „Iată în sfârșit aceea care este os din oasele mele
> și carne din carnea mea!
> Ea se va numi «femeie» [*ișa*],
> pentru că a fost luată din om [*iș*]." (Gen. 2:23)

Dumnezeu a adus femeia la bărbat și i-a binecuvântat pe amândoi. Apoi, a zis: „Creșteți, înmulțiți-vă, umpleți pământul și supuneți-l" (Gen. 1:28).

Spre deosebire de animale, care au fost create cu instincte sexuale, oamenii au fost creați pentru *intimitate* sexuală. Au fost creați pentru o legătură puternică unul cu altul. Au fost creați pentru a avea o relație profund emoțională și împlinitoare unul cu celălalt. Au fost creați să se bucure de sex exclusiv ca de o legătură plăcută în cadrul relației lor pe viață.

Spre deosebire de animale, care au fost create cu instincte sexuale, oamenii au fost creați pentru intimitate sexuală.

În acest timp, Dumnezeu a stabilit o structură specifică pentru această nouă relație: căsătoria. Este prima dată când vedem o frântură din planul lui Dumnezeu pentru căsătoria ca legământ. „De aceea va lăsa omul pe tatăl său și pe mama sa și se va lipi de *nevasta* sa, și se vor face un singur trup" (Gen. 2:24, s.a.).

În grădina perfectă, primul cuplu a acceptat cu mare drag și bucurie planul lui Dumnezeu. Stând acolo, în inima paradisului, erau goi și nu le era rușine (vezi v. 25).

El era bărbat întru totul. Ea era femeie întru totul. Erau două ființe sexuale întru totul. În frumusețea grădinii, ei s-au bucurat de plăcerea intimității sexuale în libertate totală, cu încredere totală și cu bucurie deplină. Nu au simțit nicio durere. Nu au avut nicio rezervă.

Nici rușine. Nici confuzie. Primul soț și prima soție s-au bucurat enorm în planul bun și frumos al lui Dumnezeu pentru sexualitatea lor.

Fiindcă povestea lui Adam și a Evei ne e atât de cunoscută, e ușor să trecem cu vederea peste detalii. Dar când zăbovim și ne uităm mai atent, vedem adevăruri profunde. Vedem planul intenționat al lui Dumnezeu de a ne crea bărbați și femei. Nu a fost nimic rușinos sau stânjenitor în designul nostru sexual. Vedem planul frumos al lui Dumnezeu pentru intimitate sexuală, creat în contextul relației de căsătorie. Sexul a fost o celebrare pasională între soț și soție. Vedem actul bine gândit al lui

Dumnezeu când a creat două genuri distincte. În toate, vedem un Dumnezeu în centrul tuturor lucrurilor, care a creat oameni care să fie imaginea Lui.

Cu toate acestea, oricât de frumoasă ar fi povestea lui Adam și a Evei în acest punct, Dumnezeu pregătea ceva și mai măreț. În toate aceste detalii, El pregătea terenul pentru o poveste formidabilă. O poveste care avea să învețe omenirea despre Sine și cine este El. Geneza nu ne spune de ce a folosit cuvinte la plural despre Sine: „(*Noi*) Să facem om după chipul *Nostru*" (Gen. 1:26, s.a.). Dar, după cum vom descoperi în capitolul 6, Dumnezeu a avut un plan bine gândit pentru toate aceste lucruri. De vreme ce Biblia este o poveste continuă despre Dumnezeu, de la început la sfârșit, trebuie să continuăm să citim pentru a înțelege imaginea de ansamblu.

Pentru moment însă, ne putem minuna de cât de bine gândește Creatorul nostru *tot* ceea ce face.

Când tot ce era bun a luat-o pe o cale greșită

În timp ce primele ființe umane se bucurau de viață în armonie perfectă, o umbră întunecată își făcea apariția în grădină și punea la cale ceva rău. Biblia spune că șarpele (Satan) „era mai șiret decât toate fiarele câmpului pe care le făcuse Domnul Dumnezeu" (Gen. 3:1). Această creatură întunecată Îl ura pe Dumnezeu și își propusese să Îi distrugă creația. Și, de vreme ce bărbatul și femeia fuseseră creați pentru a reflecta chipul lui Dumnezeu, ei erau ținta perfectă. Dacă acest dușman întunecat îi putea înșela pe oameni, el le putea distruge viețile și denatura chipul pe care ei îl purtau.

Șarpele a ales să o atace pe femeie cu o întrebare amăgitoare: „Oare a zis Dumnezeu cu adevărat: «Să nu mâncați din toți pomii din grădină?»" (v. 1).

Ea a răspuns: „Putem să mâncăm din rodul tuturor pomilor din grădină. Dar, despre rodul pomului din mijlocul grădinii,

Dumnezeu a zis: «Să nu mâncați din el și nici să nu vă atingeți de el, ca să nu muriți»" (v. 2–3).

Șarpele i-a spus femeii că nu avea cum să moară, ci că va fi ca Dumnezeu. Dacă mânca din fruct, avea să cunoască binele și răul. Ochii ei se vor deschide și va vedea lucruri noi și interesante. Avea să se lumineze (vezi v. 4–5).

Femeia l-a ascultat. S-a gândit. L-a crezut.

Ce i-a spus șarpele suna bine. În timp ce soțul ei stătea tăcut lângă ea, (vezi v. 6), a luat o decizie care le-a schimbat lumea pentru totdeauna. După ce a mușcat din fructul acela delicios, suculent, viața ei nu a mai fost niciodată la fel. I-a dat și soțului ei, iar acesta a mâncat și el. Dintr-odată, s-a schimbat totul. Biblia spune: „Atunci li s-au deschis ochii la amândoi; au cunoscut că erau goi, au cusut laolaltă frunze de smochin și și-au făcut șorțuri din ele" (v. 7). Pentru prima dată, păcatul a intrat în viața lui Adam și a Evei.

Dintr-odată, au simțit lucruri pe care nu le mai simțiseră niciodată: rușine, vină, confuzie, regret, durere, trădare.

Păcatul avea să mutileze viața perfectă pe care o trăiau împreună. Relația lor sexuală ireproșabilă avea să fie coruptă pe veci. Dorințele lor aveau să devină egoiste. Dar, ce e mai rău, relația lor perfectă cu Dumnezeu, Creatorul lor, avea să fie afectată pe veci.

Pentru prima dată, planul perfect al lui Dumnezeu pentru umanitate a îmbrăcat o versiune fadă și ciopârțită față de cel original.

Ochi rătăcitori, inimi îndoielnice

Îți poți imagina cât de șocante trebuie să fi fost acele prime momente pentru Adam și Eva? Nu te întrebi ce au gândit când păcatul le-a invadat existența? Au vorbit despre asta? Au regretat de-acolo înainte în fiece clipă ceea ce au făcut? Scena fatală cu șarpele probabil că i-a măcinat continuu pe Adam și pe Eva.

„Unde ne-a fost capul? De ce am ascultat de el? De ce nu am avut încredere în Dumnezeu?"

Bărbatul și femeia au gustat coruperea pentru prima dată.

Din acel moment, fiecare om care a venit pe lume a venit corupt. Pe măsură ce au trecut zilele, lunile, anii, secolele, fiecare generație a experimentat propria luptă sexuală ca urmare a păcatului. Decizia inițială a lui Adam și a Evei de a respinge adevărul lui Dumnezeu a fost începutul unui efect de domino la nivel mondial. Ceea ce a creat Dumnezeu să fie frumos și perfect a fost denaturat îngrozitor de păcat.

Acum păcatul ne pângărește dorințele și sentimentele. Galateni descrie aceste dorințe denaturate ca fiind contrar a ceea ce este corect și adevărat: „Căci firea pământească poftește împotriva Duhului, și Duhul, împotriva firii pământești" (Gal. 5:17).

Bărbatul și femeia au gustat coruperea pentru prima dată.

Putem lega corupția și haosul de azi de momentul acela fatal din grădină. Momentul când tot ce e bun a luat-o pe calea greșită. Suferința sexuală și confuzia cu care ne confruntăm azi sunt un rezultat direct al păcatului inițial al lui Adam și al Evei. Îi putem judeca ușor pe Adam și pe Eva, dar adevărul este că semănăm cu ei mai mult decât ne dăm seama. Ei au greșit în același fel în care cei mai mulți dintre noi greșim și azi. În loc să aibă încredere în Dumnezeu și să caute îndrumarea Lui, I-au întors spatele. Și-au îndreptat atenția spre alte lucruri. Odată cu rătăcirea atenției s-au născut îndoielile în inimă: „Oare a spus Dumnezeu? Oare e bun El? Oare putem avea încredere în El?" Cu ochi rătăcitori și inimi întrebătoare, l-au crezut pe marele înșelător (vezi 2 Cor. 11:3).

Luptele noastre nu sunt diferite de ale Evei. Suntem tentate să punem sub semnul întrebării adevărul lui Dumnezeu destul de des. „Oare Dumnezeu a spus să păstrez sexul pentru căsătorie? Dacă iubesc pe cineva, mai contează altceva? Dacă simt ceva anume, nu vrea Dumnezeu să acționez în baza sentimentelor mele? Dacă pornografia nu face rău nimănui, ar trebui să nu reprezinte o problemă, nu-i așa? Atâta vreme cât nu merg până la capăt, nu încalc de fapt regulile. Dumnezeu vrea să mă bucur de împlinirea sexuală, prin urmare probabil că El nu mă judecă pentru că citesc materiale erotice. Oare a zis Dumnezeu că e greșit să ai fantezii sexuale?" Ochii noștri rătăcesc, iar în inimile noastre se nasc îndoielile: așa cum a făcut Eva. *Oare* a spus Dumnezeu? Să facem lucrurile cum credem noi poate părea mai bine pe moment. Suntem tentate să credem străvechea minciună că noi știm mai bine decât Dumnezeu. Indiferent în ce eră, țară sau societate ne uităm, haosul sexual vine *întotdeauna* după respingerea lui Dumnezeu, Creatorul. Cu cât o societate se îndepărtează mai mult de Dumnezeu, cu atât mai complicată și denaturată devine sexualitatea din acea societate. Exact acest lucru se întâmplă în societatea noastră de azi. În loc să definim sexualitatea în termenii lui Dumnezeu, o definim în termenii noștri. Drept rezultat, modurile în care este deseori înțeleasă, exprimată sau căutată sexualitatea, în ziua de azi, sunt în totală opoziție cu planul de la început al lui Dumnezeu.

Suntem tentate să credem străvechea minciună că noi știm mai bine decât Dumnezeu.

4. PATRU MINCIUNI CULTURALE DESPRE FELUL ÎN CARE AM FOST CREATE SEXUAL

Acum mulți ani, noi două am avut ocazia să petrecem câteva săptămâni în frumoasa Austrie. Dacă vei avea vreodată ocazia să mergi în Austria, trebuie să vizitezi orașul Saalfelden. E superb! Poate că suntem puțin părtinitoare în privința acestui oraș, fiindcă bunica noastră s-a născut și a crescut acolo. Imaginează-ți cât de bine ne-am simțit în călătoria spre Saalfelden și să stăm în casa în care a crescut bunica. A fost un vis devenit realitate.

Deși am fi vrut ca acea excursie să nu se fi terminat niciodată, nu a fost așa. Timpul a zburat. Când a fost vremea să ne întoarcem acasă, în Texas, am avut senzația că nici bine nu ajunsesem în Austria. Drumul spre casă nu e niciodată la fel de interesant ca cel spre destinația mult dorită. Călătoria noastră din Saalfelden înapoi spre casă a fost dublu împovărătoare. A fost dureros de lungă din cauza unei escale de 24 de ore în Florida. În drum spre State, eu (Bethany) am avut cel mai rău loc din avion. Am stat strivită pe locul din mijloc, pe rândul din mijloc, chiar în mijlocul avionului. De parcă n-ar fi fost suficient, scaunele de lângă mine au fost ocupate de doi bărbați care nu s-au ridicat nici măcar o dată să meargă la baie. Fără glumă! Am zburat zece ore și în tot acest timp nu s-au mișcat de la locurile lor. Eu, în schimb, sunt regina vezicii urinare. Cu siguranță că cei doi bărbați au fost deranjați de desele mele vizite la baie. Ce să faci?! Fetele și ale lor!

Am stat pe acel scaun și am încercat să dorm, dar a fost imposibil. M-am sucit și m-am învârtit, cu tot felul de dureri de gât și de spate. Să zicem doar că a fost un zbor incomod. După vreo cinci ore de zbor, tipul din dreapta s-a trezit din picoteală și s-a gândit să-și omoare timpul cu puțină distracție. A derulat opțiunile disponibile și s-a oprit la un film. Dacă ai zburat vreodată peste ocean și ai stat în locul din mijloc, ca mine, știi cât de ușor este să vezi totul în jurul tău. Sincer, e greu să *nu* îți bagi nasul în viețile celorlalți. Chiar și când mă uitam direct în față și îmi vedeam de treaba mea, tot vedeam ecranul tipului respectiv cu coada ochiului. Am încercat să ignor filmul la care se uita, dar a fost complicat. Ce s-a întâmplat ulterior m-a prins cu garda jos. Scenele care s-au derulat pe ecran au fost surprinzătoare, ca să nu spun mai mult. Nu uita că vorbesc despre un zbor lung peste ocean, într-un avion public, la bordul căruia erau familii. În spatele meu erau copii, iar în stânga și în dreapta mea stăteau adolescenți.

Ce s-a întâmplat ulterior m-a prins cu garda jos.

Dintr-odată, fără niciun avertisment, actorii și actrițele de pe ecran au început să se dezbrace și să sară în pat unul lângă celălalt. M-am uitat la tipul de lângă mine ca să văd dacă el era deranjat de scena explicită de pe ecran. Părea total indiferent. De fapt, părea chiar plictisit. Timp de o oră, pe ecranul respectiv s-au desfășurat scene de nuditate și sex în văzul tuturor.

Deși am încercat să nu mă uit la ecran, tot am surprins câteva frânturi. Am văzut niște lucruri pe care n-aș fi vrut să le văd. Lucruri pe care Dumnezeu le-a creat pentru un soț și soția lui, în intimitatea căsătoriei lor sacre. Lucruri care ar trebui să fie frumoase și respectate. Lucruri care ar trebui prețuite.

O anumită scenă m-a afectat foarte serios. Nu fiindcă a fost extrem de senzuală, ci dimpotrivă. În loc să fie foarte senzuală, scena a părut foarte obișnuită și ieftină. Nu era nimic special în ceea ce făceau cei doi. Nimic sacru. Nimic intim. Cei doi oameni căutau puțină plăcere și atât.

Ca să fie treaba clară, tipul care urmărea filmul a adormit. Tun! Cu sforăituri și toate cele! Nici măcar sexul de pe ecran nu a fost suficient de interesant, încât să îl țină treaz.

S-a ajuns prea departe

Noi, când ne gândim la felul în care societatea zugrăvește sexul, ne simțim descurajate. Sexul este literalmente peste tot. E folosit ca momeală pentru a vinde orice. Gândește-te! Sexul se folosește în vânzarea oricărui lucru: alcool, farduri, muzică, rochii de bal, chiar și camioane de tonaj mare. Sexul s-a infiltrat în toate aspectele societății. De fapt, una dintre surorile noastre mai mici a primit recent o mostră de rimel pe care scria cu aldine: „Mai bun decât sexul". Dacă rimelul e „mai bun decât sexul", atunci să uităm cu totul de sex și să ne mai dăm câteva straturi de rimel.

Dar nu acesta este răspunsul.

Trăim într-o societate care a pus sexul la dispoziția oricui. A devenit la fel de obișnuit ca o strângere de mână. Dacă vrei să faci sex, se poate aproape instant. La un simplu clic, poți găsi un partener la câțiva kilometri de unde ești. Dacă vrei să te uiți la alți indivizi care fac sex, poți accesa materiale pornografice în câteva secunde. Plăcerea vizionării instant este disponibilă tuturor.

> *Sexul a devenit atât de obișnuit, încât pare deseori ieftin, lipsit de sens și de parcă n-ar fi mare lucru.*

Dacă vrei să citești despre sex, poți descărca un roman erotic în momentul în care îl dorești. Sexul a devenit atât de obișnuit, încât pare deseori ieftin, lipsit de sens și de parcă n-ar fi mare lucru. Atunci când eu (Bethany) mă gândesc la tipul din avion, am impresia că reacția lui este întruchiparea perfectă a felului în care societatea vede sexul: e atât de banal, încât e somniferul perfect.

În loc să fim mândri de câtă libertate sexuală avem ca societate, ar trebui să ne oprim o clipă și să ne gândim unde suntem și dacă aici ne dorim să fim. Ne place ca sexul să nu aibă nicio savoare, să fie banal, accesibil și lipsit de intimitate și de devotament pe termen lung? Ne place ideea de a avea o societate în care toată lumea se cuplează? Ne place ideea ca două persoane să se folosească unul de altul în scopuri egoiste? Ne place ideea de redefinire totală a căsătoriei? Dacă ne-am opri o secundă și ne-am gândi serios la cum tratează cei mai mulți sexul, probabil că am fi dezamăgiți.

În cartea lor, *Pulling Back the Shades* [Să ridicăm obloanele], dr. Juli Slattery și Dannah Gresh descriu schimbările din societatea noastră astfel: „Relativismul moral din societatea noastră nu este un semn de progres, ci rezultatul prostiei și mândriei."[1] Societatea se mândrește că a progresat sexual. Savurează faptul că am scăpat de căile vechi de gândire și că suntem liberi să fim ce vrem noi. Dar, dacă stai să te gândești, ce progrese am făcut? De ce suntem atât de mândri? Suntem mândri că industria pornografiei valorează suma exorbitantă de 97 de miliarde de dolari, la nivel mondial?[2] Suntem încântați că prima expunere a unui copil la pornografie are loc de obicei pe la 11 ani?[3] Ne batem prietenește pe spate fiindcă, în medie, o fată își pierde virginitatea pe la 17 ani?[4] Sunt statistici care nu ar trebui să ne bucure, ci să ne întristeze.

Progresul sexual pe care îl vedem în societate nu a făcut decât să ne îndepărteze din ce în ce mai mult de planul bun al

Creatorului pentru sexualitate și intimitate. Ne-am declarat noii experți în domeniu, lăsându-L pe Designer cu ochii-n soare.

Demascarea minciunilor despre felul în care am fost creați sexual

Sexul și sexualitatea sunt două subiecte fierbinți în societatea noastră. Când atâtea voci se fac auzite, poate fi derutant să știi care este adevărul și care nu. Ce a spus Dumnezeu despre sexualitate și ce vedem că se întâmplă în societatea noastră? Dacă noi, femeile creștine, nu suntem atente să discernem adevărurile de minciună, sfârșim prin a asculta glasul care se aude mai tare.

Atunci când alegem să acceptăm orice altceva, dar nu planul bun și original al lui Dumnezeu pentru sexualitate, ne însușim o imagine distorsionată despre cine ne-a creat Dumnezeu să fim. Acceptăm o versiune falsă a identității noastre adevărate. De aceea, noi două vrem să demascăm câteva minciuni mari care au pătruns în societatea noastră de azi. Obiectivul nostru este să demascăm minciunile și să facem eforturi să ne întoarcem la ceea ce ne-a creat Dumnezeu să fim la început.

Nu uita că acest capitol se va concentra exclusiv pe minciuni. Alte capitole vor dezvălui adevărul lui Dumnezeu și vor expune în detaliu planul Său nemaipomenit pentru sexualitatea cu care ne-a creat.

Minciuna nr. 1: Identitatea sexuală vine din dorințele personale

Când am cunoscut-o pe Lisa, se zbătea să își înțeleagă identitatea sexuală. Avea zeci de întrebări la care părea să nu găsească răspunsuri solide. În ultimii anii, se simțise atrasă de același sex și nu știa ce să facă cu dorințele ei. „Ar trebui să îmi suprim dorințele sau ar trebui să le dau curs?”, se întreba, dar nu găsea răspunsuri. Crescuse mergând la biserică și știa planul lui Dumnezeu pentru relațiile dintre bărbați și femei, dar atracția pentru femei o punea în încurcătură.

Adesea, în cursul nopții, Lisa se gândea la ce îi spusese consilierul școlar în timpul ședințelor de consiliere. „Este trupul tău, sexualitatea ta, creierul tău. Poți alege să dai curs dorințelor tale după cum crezi de cuviință! Nu lăsa pe nimeni să îți spună ce să faci sau să nu faci. Fă ce-ți dictează lăuntrul ființei tale!" Consilierul i-a mai dat Lisei și niște broșuri care să o ajute să își pună ordine în gânduri. Iată ce scria în acele broșuri:

> În orientarea sexuală contează de cine ești atras și cu cine vrei să ai relații. Orientarea sexuală include homosexuali, lesbiene, heterosexuali, bisexuali și asexuali. Orientarea sexuală este diferită de la un gen la altul. În orientarea sexuală, contează de cine ești atras romantic, emoțional și sexual. E diferită de identitatea de gen. În identitatea de gen, nu contează de cine ești atras, ci cine *ești* tu: bărbat, femeie, indecis etc. Orientarea sexuală este o parte firească a ta, nu este o alegere. Orientarea sexuală se poate schimba pe parcursul vieții.[5]

După ce a citit astfel de afirmații, Lisa a fost și mai încurcată. „De ce este totul atât de complicat?"

Acest demers a neliniștit-o și a făcut-o să se simtă singură.

Când ne-a contactat prima dată, nu știa sigur dacă să ne spună ce se petrecea în inima ei. I-a fost foarte greu să fie sinceră și să vorbească despre lupta din sufletul ei legată de atracția față de același sex. E nevoie de mult curaj să expui probleme atât de personale. Lisa a dat dovadă de mult curaj făcând acest pas, ceea ce multora ne e teamă să facem. A ales să fie sinceră cu sentimentele ei, iar noi am fost onorate că a ales să ni le spună nouă.

După un sfert de oră de discuții, Lisa a început să ne spună și mai multe. Ne-a spus că cel mai mult se temea să fie sinceră că este atrasă de același sex din cauza criticilor și a dezaprobării creștinilor. Era sigură că nouă (și altor femei creștine) ne va fi rușine de problema ei și că o vom alunga ca pe o cauză pierdută. Se întreba sincer dacă Biblia are ceva de spus despre identitatea sexuală. Îi păsa lui Dumnezeu de sexualitatea ei? Planul Lui legat de gen i se aplica și ei? Putea să aibă încredere în Dumnezeu în acest aspect sensibil din viața ei?

Se întreba sincer dacă Biblia are ceva de spus despre identitatea sexuală.

Timpul pe care l-am petrecut cu Lisa s-a dovedit cu mult mai benefic decât am sperat oricare dintre noi. Am început cu strângeri de mână și prezentări și am încheiat în rugăciuni și îmbrățișări calde. Nu am avut toate răspunsurile pe care le aștepta Lisa, dar a plecat cu o senzație nouă de încredere că Dumnezeu o iubește și cu o speranță reînnoită de a căuta răspunsuri în Biblie. Recunoașterea sinceră a Lisei în ceea ce privește luptele ei interioare a fost un prim pas uriaș pentru ea în demersul personal de a găsi adevărul, soluții și eliberare.

Lisa nu caută singură răspunsuri. Într-un articol cu titlul „Claritatea complementarității: disforia de gen din perspectivă biblică", se pune întrebarea: „Biserica lui Isus Cristos are ceva unic, distinct și valoros de spus în discuțiile moderne despre disforia de gen?"[6]

Subiectele sexualității, orientării sexuale și identității de gen sunt zdrobitor de proeminente în societatea modernă. La școală, la locul de muncă, la petreceri, în familie, printre prieteni, toți au o părere despre acest subiect. Pe de o parte, societatea ne spune că fiecare persoană trebuie să își urmeze inima și să acționeze în acord cu ceea ce își dorește. Ni se spune să fim autentici și deschiși despre cine simțim că suntem. Conform societății, nu există autoritate mai mare, și fiecare persoană este lăsată să își înțeleagă orientarea și să își discearnă identitatea adevărată de una singură. Pe de altă parte, Biserica ne spune că orientarea și identitatea trebuie să ne fie influențate de Cuvântul lui Dumnezeu. Suntem sfătuiți că există o autoritate mai înaltă și că dorințele și gândurile noastre cu privirea la identitatea personală trebuie să fie modelate de Cuvântul lui Dumnezeu. Din păcate, aici se termină discuția cu cei mai mulți creștini. Nu există nicio continuare. Există prea puține discuții între patru ochi sau relații de ucenicie. Mulți dintre cei ce ne luptăm cu identitatea sexuală în Biserică avem adeseori multe întrebări și nu prea găsim răspunsuri profunde. Acest lucru trebuie să se schimbe.

Pe măsură ce noi două am văzut că lucrurile se complică și că, an de an, apar și mai multe întrebări cu privire la orientarea sexuală și identitatea de gen, credem că aceste probleme sunt prea mari pentru a fi lăsate pe seama cunoștinței omului. Sunt prea mari pentru a lăsa răspunsurile pe seama societății. Sunt prea complexe chiar și pentru înțelegerea medicilor sau psihologilor. Toți avem nevoie de răspunsuri mai bune. Avem nevoie de răspunsuri confirmate de o istorie lungă de succese. Avem nevoie de răspunsuri care nu se vor schimba în zece, douăzeci sau cincizeci de ani.

Avem nevoie de răspunsuri confirmate de o istorie lungă de succese.

În ceea ce privește identitatea noastră, avem nevoie să înțelegem, de fapt, cum vede Dumnezeu lucrurile și cât de profund ne iubește El pe fiecare dintre noi. Avem nevoie să înțelegem de ce-ul din spatele creației umanității în ansamblul ei și scopul cu care El a creat genul. Avem nevoie să înțelegem inima lui Dumnezeu, Cel care a creat întreaga lume și pe toți cei din ea. El are ceva de spus despre sexualitatea noastră. El ține enorm la fiecare dintre noi și are un plan frumos pentru viața noastră.

Minciuna nr. 2: Căsătoria este o uniune între oricare doi parteneri

Făcând cercetare pentru această carte, noi două am căutat pe Google definiția căsătoriei. Prima apărută a fost de la bunul, vechiul și credinciosul nostru prieten, dicționarul

Merriam-Webster's. Iată cum definește acesta căsătoria: „Uniunea dintre doi parteneri într-o relație consensuală și contractuală recunoscută de lege."[7] Am observat că definiția omite orice fel de pronume masculin sau feminin. Descrierea a fost făcută intenționat neutră din punct de vedere al genului. Continuând să dăm paginile, am văzut că definiția din *Merriam-Webster's* include și un avertisment. Acesta spune: „Definiția căsătoriei dată aici este intenționat suficient de cuprinzătoare încât să acopere tipurile de căsătorie recunoscute actualmente în culturi, locuri, religii și sisteme legale diferite."[8]

Pe lângă definiția actuală din *Merriam-Webster's*, iată cum descrie căsătoria o revistă populară de psihologie: „Căsătoria este procesul prin care două persoane își fac relația publică, oficială și permanentă. Este uniunea a doi oameni într-o legătură care durează aproximativ până la moarte, dar în practică este din ce în ce mai mult scurtată din cauza divorțului."[9] La fel ca *Merriam-Webster's*, această revistă evită să folosească pronume care limitează căsătoria la un bărbat și o femeie. De asemenea, subliniază scurtarea căsătoriei din cauza divorțului. Nu din ce în ce mai puțin, ci din ce în ce mai mult. Căsătoria nu merge din ce în ce mai bine, ci din ce în ce mai rău.

După ce am citit ambele descrieri moderne, am decis să căutăm cuvântul *căsătorie* în ediția din 1828 a aceluiași dicționar, ca să vedem dacă a fost diferită. Contrastul a fost șocant. Iată cum descria căsătoria: „Actul de unire a unui bărbat cu o femeie, pe viață; căsătorie legală; uniunea legală dintre un bărbat și o femeie, pe viață. Căsătoria este un contract atât civil, cât și religios, prin care părțile se angajează să trăiască împreună în afecțiune și fidelitate reciprocă, până când moartea îi va despărți. Căsătoria a fost instituită de Însuși Dumnezeu cu scopul de a preveni relațiile sexuale promiscue între sexe, pentru a promova fericirea domestică și pentru a asigura îngrijirea și educația copiilor."[10]

Ce descriere drastic diferită!

Punând cele două definiții una lângă alta, e clar că în *Merriam-Webster's* e rescrisă complet definiția căsătoriei pentru a reflecta schimbarea de perspectivă a oamenilor din societatea de astăzi, aflată în schimbare și progres continuu. Căsătoria nu mai e definită ca fiind între un bărbat și o femeie, instituită de Dumnezeu. Este o entitate deschisă pentru oricine își dorește să își trăiască viața cu o altă persoană. *Merriam-Webster's* a ales să se conformeze la versiunea modernă a societății privind căsătoria, pentru a fi relevant și considerat o sursă de informare de încredere. Dacă nu ar fi făcut acest lucru, ar fi fost desconsiderat pentru o abordare îngustă și demodată.

Presiunea de a se conforma viziunii moderne asupra căsătoriei nu lovește numai *Merriam-Webster's*; ne lovește pe fiecare dintre noi. Problemele pe care le discutăm în această carte sunt dificil de abordat din cauza presiunii societății, din ce în ce mai mare, de a ne conforma. Sunt greu de abordat și din cauza felului în care ne afectează personal. E greu să decizi ce e adevărat și ce nu. E greu să știi când să iei atitudine și când să taci. E greu să urmezi adevărul biblic într-o lume care nu este deschisă la Cuvântul lui Dumnezeu. E greu să fii perceput de societate ca fiind demodat și învechit.

> Trebuie să ne întoarcem la ceea ce a intenționat Creatorul cu privire la căsătorie.

Noi două suntem alături de voi în această poveste. Dar, doar fiindcă e greu, nu înseamnă că ar trebui să renunțăm la adevăr.

Noi, femeile creștine, trebuie să demonstrăm dârzenie și hotărâre în demersul de a afla adevărul. Chiar dacă e contra-cultural, trebuie să ne întoarcem la ceea ce a intenționat Creatorul cu privire la căsătorie. El a creat-o și, prin urmare, este Singurul care are autoritate să o definească. Planul Său inițial pentru căsătorie chiar este pentru binele nostru.

Minciuna nr. 3: Sexul ar trebui acceptat oricum ni se pare bine

Jennifer a crescut într-o familie creștină și a fost activ implicată în biserică. A participat la întâlnirile tinerilor, a cântat în corul bisericii și a fost chiar voluntară duminica dimineața la grupele de copii. Când a terminat liceul și a plecat la facultate, familia ei avea mari speranțe de la ea. Au fost convinși că va rămâne devotată educației ei morale și va rămâne puternică pe parcursul anilor de facultate.

Jennifer s-a descurcat foarte bine în primul an de facultate. Și-a făcut prieteni apropiați, a luat note bune, totul părea minunat. În al doilea an, au început să apară problemele. Jennifer a început să nu mai fie atât de sigură de standardele și convingerile ei morale. Toți cei din campus păreau să vorbească despre ultimele lor escapade sexuale. În al treilea an, Jennifer a început să iasă cu un grup nou de prieteni. În acest grup, era un tip de treabă și foarte arătos, pe nume Jake. Încet, dar sigur, Jake a remarcat-o pe Jennifer și a început să îi acorde atenție specială. După multe luni în care au fost doar prieteni, cei doi au început o relație romantică. Atunci a început presiunea.

Prietenii cei noi ai lui Jennifer au început să o întrebe despre natura sexuală a relației ei cu Jake. Nu înțelegeau de ce nu întreținea relații sexuale cu iubitul ei. Îi spuneau lucruri de genul: „Dar nu vă iubiți? Sexul este doar o exprimare fizică a cât de mult țineți unul la celălalt. Nu mai despicați firul în patru. Toată lumea face asta. E ceva normal." Până la urmă, Jennifer a cedat la presiunea constantă. Compromisul a avut loc încet — trei ani de eforturi — dar s-a întâmplat. Încetișor a pierdut din vedere planul intenționat de Dumnezeu pentru sex și intimitate. A renunțat să mai ia în calcul scopul măreț al lui Dumnezeu și a început, în schimb, să asculte de vocea celor din jur. Într-o seară în care Jennifer și Jake au ieșit în oraș, el a rugat-o să facă sex cu el. Ea a spus da. Jennifer a decis că pasiunea ei pentru Jake merita prețul.

Noi, femeile creștine, trăim într-o cultură care seamănă mult cu anturajul de la facultate al lui Jennifer. Mesajele sunt asemănătoare. „E plăcut. Dă-i înainte!" „Dacă îl iubești, e bine să te culci cu el." „Dacă vrei să faci sex, nu te abține." „Toată lumea face asta. Nu te mai gândi atât!" „Ascultă-ți inima."

Eu (Kristen) am citit recent un articol din 2016 al revistei *Teen Vogue* care își propunea să ajute adolescentele să decidă dacă sunt gata să își înceapă viața sexuală. Iată un extras:

> Mai mult decât orice trebuie să simți că ești *pregătită*. Dar ce înseamnă asta? Am cerut părerea a șapte experți pe acest subiect pentru a te ajuta să discerni dacă ești sau nu pregătită. În principiu, toți au spus... că e esențial să ai partenerul potrivit... să știi ce te face să te simți bine... să faci sex fiindcă *tu* vrei... Dacă nu poți vorbi despre BTS (boli cu transmitere sexuală), nu ești gata... Asigură-te că atât tu, cât *și* partenerul tău sunteți de acord și pregătiți... Dacă vă scârbesc fluidele corporale, nu sunteți gata... Nu ar trebui să simți niciun fel de presiune... E important să simți dorința sexuală.[11]

Articolul intră în detalii la fiecare din cele opt puncte, dar nu vă voi târî prin ele. Pe scurt, articolul spune că nu există standard al adevărului când e vorba despre sex. Sentimentele sunt cel mai bun ghid. Dacă te simți bine, fă-o. Dacă te simți pregătită, fă-o. Dacă ești „îndrăgostită", fă-o. Conform revistei *Teen Vogue,* sentimentele sunt propulsorul care decide când e momentul potrivit pentru a-ți începe viața sexuală. Ideea căsătoriei este demodată, iar autocontrolul nu e mare scofală. Cam asta vrea să spună articolul acesta.

Sexul nu poate fi redus la doi oameni care se bucură de un schimb pasional. Sexul înseamnă mult mai mult decât ceea ce simți sau a face ceea ce ți se pare o idee bună pe moment. E cu mult mai mult decât o acțiune corporală consimțită între două persoane. Dumnezeu are un scop și un plan mult mai mărețe pentru sex, pe care noi toți avem nevoie urgentă să le înțelegem.

Sexul este un dar uimitor, dătător de viață de la Dumnezeu. Deși sună bine să spui: „Pot da frâu liber dorințelor mele sexuale în orice fel mă face pe mine să mă simt bine", această perspectivă este superficială și îngustă. Nu are substanță. Unde e scopul? Direcția? Sensul? *De ce*-ul din spatele sexului? Sexul este prea frumos, prea intim, prea pasional pentru a fi lăsat în seama noastră. Avem nevoie de îndrumarea Creatorului sexului pentru a-l înțelege în toată grandoarea sa și a ne putea bucura de el.

Minciuna nr. 4: Feminitatea înseamnă să fii seducătoare și puternică

Acum mulți ani, eu (Bethany) am avut oportunitatea de a sta la masă cu patronul unei agenții de modelling cu reputație bună. Fusesem recrutată de această agenție de mai multe ori. În cele din urmă, am decis să încerc (poți citi întreaga poveste în cartea *Portret de domnișoară*).

În timp ce stăteam de vorbă cu Jeff, patronul agenției, mi-a fost foarte clar că avea un obiectiv foarte specific pentru fiecare model în parte din agenția lui. Mi-a spus că trebuia să fiu dispusă să pozez nud, dacă voiam să urc pe scara modellingului. Asta aștepta de la modelele lui și de la mine. Nu îl interesa niciun model care i-ar fi tras în jos agenția. Își dorea să aibă succes și știa cum.

În clipa în care i-am dat de înțeles lui Jeff că nu eram interesată să apar dezbrăcată în fața camerei, a fost în stare de șoc. Timp de câteva minute, mi-a ținut o adevărată prelegere despre standardele mele morale. Mi-a spus că respectarea unor idei atât de învechite demonstra cât de nesigură eram pe mine. S-a uitat în ochii mei și m-a dojenit că nu mă simt bine în pielea mea. Jeff mi-a spus foarte clar că nu sunt binevenită înapoi, până când nu sunt gata să fac tot ce depinde de mine pentru a fi un model de succes.

Interviul meu cu Jeff mi-a confirmat ce auzisem și ce văzusem în societate. Femeile sunt puternice și valoroase în funcție de felul în care arată. Dacă suntem senzuale și dispuse să ne etalăm trupul, vom ajunge undeva. Dacă nu, atunci nu vom ajunge nicăieri. Femeile cu standarde morale și valori sexuale sunt considerate nesigure și pudice.

Din păcate, aceasta este realitatea în care se găsesc multe femei creștine.

Dacă o femeie poate lua o postură sexy, face o fotografie senzuală și apărea ispititoare și cuceritoare, e adesea expusă ca un trofeu. Dar decența, modestia și o inimă care bate pentru puritate sunt considerate calități negative, pe care ar trebui să le ardem și să le îngropăm. Auzim mesaje precum: „Femeile adevărate sunt dispuse să își etaleze corpul." „Femeile puternice știu să se folosească de dotarea lor." „Femeile atrăgătoare știu cum să înnebunească un bărbat." E suficientă o privire pe un raft de reviste de la casele de marcat pentru a-ți confirma că trebuie să îmbrățișezi calități precum seducătoare și provocatoare, dacă vrei să fii o femeie puternică.

Indiferent dacă noi, femeile moderne, suntem dispuse să recunoaștem sau nu, esența feminității s-a redus la felul în care arată femeia. Deși societatea zugrăvește femei într-o manieră exagerat de sexuală, feminitatea înseamnă cu mult mai mult decât atât. E cu mult mai mult decât a arăta seducător, a avea putere și a fi observată de bărbați. E mai mult decât să îți apară trupul pe coperta unei reviste. E mai mult decât să fii numită „regină" sau „zeiță".

> *Dumnezeu a creat femeile pentru mult mai mult decât seducție și putere.*

Dumnezeu a creat femeile pentru mult mai mult decât seducție și putere. El nu măsoară valoarea noastră după măsura societății. Are un plan frumos pentru feminitate, care întrece valorile degradante adeseori ale culturii noastre.

Fetelor, e complicat

Nouă nu ne-a fost ușor să scriem acest capitol. Bănuim că nici vouă nu v-a fost ușor să-l citiți. În ultimii ani, după studii și cercetări despre sexualitate, discuții între patru ochi cu femei ca tine, noi două ne-am dat seama cât de complicate au devenit aceste probleme. Tot ce am discutat în acest capitol arată durerea, suferința și confuzia ce înconjoară subiectul sexualității. Sunt dureri și confuzii pe care multe le-am trăit personal.

Gândește-te la cât de ieftin e sexul. Gândește-te cât de corupte sunt căsătoriile. Gândește-te cât de complicate au devenit genul și identitatea. Gândește-te cât de des femeile sunt tratate ca niște obiecte. Dumnezeu nu a creat sexualitatea să arate așa.

Dumnezeu ne-a creat pentru mult mai mult decât confuzia și haosul pe care le vedem azi. Dacă noi, ca femei, vrem să vedem din proprie experiență cât de bun este planul gândit de Dumnezeu pentru sexualitate, avem nevoie de ajutorul Său. Avem nevoie de salvarea Lui. Nu putem ieși singure din încurcătura asta. Avem nevoie ca El să ne răscumpere din coruperea noastră.

Partea a II-a

Planul spectaculos al lui Dumnezeu

5. EROUL DE CARE ARE NEVOIE ORICE FEMEIE

Noi două (Kristen și Bethany) stăteam cu ochii lipiți de ecran. Drama care se desfășura în fața noastră era captivantă. Simțeam visceral tensiunea acțiunii din filmul care se derula înaintea noastră. Oamenii dăduseră de probleme grave și aveau nevoie să îi salveze cineva. În timp ce ne uitam, nu se întrevedea nici urmă de speranță.

Chiar când întunericul se pregătea să își revendice victoria, ceva s-a schimbat.

Vântul schimbării începuse să adie. Venea cineva.

Din senin, eroul și-a făcut apariția pe ecran. Acest salvator curajos a curmat lucrarea răufăcătorului și a salvat oamenii din ghearele întunericului. Oamenii au sărit în sus strigând de bucurie. Erau salvați.

Dramă. Luptă. Salvare. Victorie. Fie că au loc pe ecran sau în viața reală, misiunile de salvare au ceva captivant. Cărți și filme noi atrag publicul cu regularitate prin aceleași drame. Oamenii par să nutrească același interes pentru acest gen de povestiri.

Te-ai întrebat vreodată de ce suntem atât de atrase de poveștile în care persoane aflate la ananghie sunt salvate de un erou? Poate fiindcă în adâncul nostru ne regăsim în persoana care se află la ananghie. Poate că înțelegem ce înseamnă să te simți fără speranță și pierdut. Să tânjim în secret după cineva care să ne salveze. Pentru noi e valabil acest lucru și bănuim că și pentru tine este. Oricât de dure am părea în exterior, în adâncul nostru tânjim după cineva mai mare, mai puternic, care să ne protejeze și să ne îndrume. Când vine vorba despre luptele sexuale, acest lucru e cu atât mai mult adevărat. Tânjim după cineva să ne salveze din durerea și rușinea pe care le simțim. Tânjim să fim răscumpărate din coruperea sexuală. Vrem să apară din senin cineva și să ne salveze.

Interacționând cu sute de femei în ultimii ani, am simțit acest dor și în glasul lor. Dorința de a fi salvate nu e nouă, e veche de secole. Omenirea tânjește după ea din timpuri străvechi. Așa cum am văzut în capitolul 3, prima poveste despre corupere și luptă a avut loc în grădina perfectă, atunci când binele a luat-o pe o cale greșită. Atunci când Adam și Eva s-au ascuns de Dumnezeu rușinați (vezi Gen. 3:8), au știut că nu puteau să își rezolve problema. Când păcatul le-a invadat viețile și le-a pângărit sexualitatea, au știut că au dat de probleme grave. Aveau nevoie de cineva mai mare și mai puternic care să îi ajute. Aveau nevoie de un erou.

Tânjim după cineva să ne salveze din durerea și rușinea pe care le simțim.

Așa cum Adam și Eva aveau nevoie de un erou atunci, și noi avem acum nevoie de erou. Avem nevoie de cineva care să ne ierte păcatul și vina. Avem nevoie de cineva care să ne răscumpere și să ne restaureze sexualitatea. Dorul din sufletul nostru după un erou ne aduce aminte constant că nu suntem îndeajuns. Nu putem repara ce s-a stricat. Avem nevoie disperată de un *Mântuitor*.

Salvarea sexualității

De-a lungul anilor, noi două ne-am făcut vinovate că am încercat să ne acoperim și să ne ascundem coruperea sexuală. Nu am vrut să o confruntăm. Nu am vrut ca alții să o vadă. Fie că era vorba de poftă carnală, fantezii sexuale, masturbare sau altceva, ne era prea rușine să ne privim păcatul drept în față. În schimb, am încercat să îl mascăm peticindu-l pe ici pe colo. Am luat postura unor fete creștine de aur și ne-am prefăcut că totul era bine. Da, a mers o vreme. Dar nu a durat.

Eu (Kristen) îmi aduc aminte când eram adolescentă că am avut probleme serioase cu fanteziile sexuale. Stăteam în camera mea și mă pierdeam în gânduri, visând cu ochii deschiși la experiențe sexuale cu anumiți tipi. Oricât de greu îmi e acum să recunosc acest lucru, sărutam peretele din dormitor pretinzând că e un tip senzual.

Ori de câte ori gândurile îmi erau năpădite de poftele carnale, mă simțeam vinovată și promiteam să nu mai fac. Dar indiferent cât de mult mă străduiam, mă trezeam în același loc al păcatului și al poftei carnale. Voiam să fiu suficient de puternică, dar nu îmi ieșea niciodată pe termen lung. Iată unde am greșit. În loc să îmi recunosc nevoia de a fi salvată de un erou, încercam să fiu eu eroul. De aceea nu trăiam o schimbare pe termen lung. Prin forțele proprii nu eram suficient de puternică să îmi înving păcatul din inimă.

Încercarea de a fi propriul nostru erou trebuie să fie o reacție obișnuită la păcat, fiindcă exact asta li s-a întâmplat lui Adam și Evei după ce au păcătuit prima dată. Îți aduci aminte de șarpele cel rău și fructul suculent? La scurt timp după alegerea lor devastatoare, Biblia spune că Adam și Eva au încercat imediat să își acopere goliciunea cu ramuri de smochin (vezi Gen. 3:7). Au încercat să își mascheze problema. În timp ce Dumnezeu îi vedea acoperindu-și goliciunea, El știa că aveau nevoie de mai mult. Nu aveau nevoie numai de o acoperire substanțială pentru trupul lor, ci și pentru păcatul lor.

Versetul 21 spune: „Domnul Dumnezeu a făcut lui Adam și nevestei lui haine de piele și i-a îmbrăcat cu ele." Dumnezeu le-a sărit în ajutor pentru a le acoperi păcatul. Frunzele de smochin nu erau suficiente. Acest verset arată că un animal nevinovat a trebuit să moară din cauza deciziei lui Adam și a Evei. Pentru noi, femeile moderne, uciderea unui animal poate părea o metodă ciudată de purtare de grijă din partea lui Dumnezeu, dar a fost de fapt un act de o importanță profundă și simbolică. Uciderea animalului pentru confecționarea hainelor lor a însemnat că a trebuit vărsat sângele cuiva nevinovat pentru a acoperi rușinea altuia. Făcând acest lucru, Dumnezeu le-a arătat lui Adam și Evei că păcatul costă. Cere un sacrificiu mare. Cere mai mult decât puteau ei să dea. În acest moment tulbure și sângeros, acest prim sacrificiu prevestea sacrificiul ultim care avea să aibă loc într-o zi prin Isus Cristos (vezi Ioan 3:16). Isus avea să fie sacrificiul suprem și acoperirea definitivă a păcatului.

Deși Adam și Eva nu au înțeles implicațiile mari ale acestui moment, Dumnezeu Își punea în mișcare planul suprem al misiunii de salvare. Prin aceste fapte mici și bine gândite, El prevestea planul Său măreț de a răscumpăra omenirea de sub puterea păcatului, a răului și a coruperii.

Așa cum concluzionează Geneza și cum istoria Vechiului Testament ne arată din aproape în aproape, omenirea căpătase promisiunea unui Salvator care urma să vină. După câteva sute de ani, începe Noul Testament. Ceva bun urma să se întâmple.

Vântul schimbării începuse să adie. *Venea cineva.*

Începutul luptei

Noul Testament începe cu o imagine a eroului curajos la care se face aluzie în Vechiul Testament. Salvatorul perfect își făcea loc în lumea noastră coruptă pentru a distruge puterea păcatului.

Venind ca un om obișnuit, Dumnezeu Însuși a intrat în bătălia lumii. A venit să salveze lumea din păcatul pe care Adam și Eva l-au adus asupra ei, încă din grădină. În clocotul coruperii noastre sexuale, El a venit să ofere speranță și libertate.

Dumnezeu, întrupat în Isus Cristos, a intrat în lumea noastră murdară, defectă și răvășită pentru a ne arăta cât de mult ne iubește. El i-a vindecat pe cei orbi (vezi Marcu 8:22–25). I-a hrănit pe cei săraci (vezi Luca 9:10–17). I-a atins pe cei respingători (vezi Luca 17:11–19). I-a iubit pe cei imposibil de iubit (vezi Luca 7:36–50). În timp ce misiunea de salvare se desfășoară în cele patru evanghelii (Matei, Marcu, Luca și Ioan), totul pare că se îndreaptă spre punctul culminant al povestirii.

După ce a trăit 30 de ani o viață perfectă pe acest pământ, Isus a știut că venise vremea. Venise vremea să-Și împlinească scopul misiunii.

Prețul mare al păcatului avea să fie plătit cu sacrificiul milostiv al Mântuitorului (vezi Rom. 5:8).

Isus era pregătit și dispus să ia asupra Sa pedeapsa pe care omenirea o merita de fapt. Era pregătit să moară în locul nostru, luând vina și păcatul nostru asupra Lui. Era dispus să-Și sacrifice trupul Său pentru a satisface mânia dreaptă și justificată a lui Dumnezeu. Cu mâinile și picioarele pironite pe cruce, Isus a purtat povara lumii, inclusiv păcatele noastre sexuale, pe umerii Lui (vezi 1 Ioan 2:2). Fiecare gând lasciv. Fiecare expunere la pornografie. Fiecare implicare în fantezii sexuale. Fiecare relație imorală. Toate. Isus a murit în locul nostru, pentru ca noi să putem fi iertați.

Isus a murit în locul nostru, pentru ca noi să putem fi iertați.

În timp ce Isus atârna pe cruce, sângerând, bătut și rănit, probabil că fiecare credincios, martor la acel moment, și-a pierdut speranța. În timp ce Își dădea ultima suflare și Și-a pierdut cunoștința, probabil au crezut că totul s-a terminat. Eroul omenirii era mort.

Timp de trei zile întunecate, Isus a zăcut în mormânt.

Întunericul era pe cale să câștige.

Chiar când Cel rău era pregătit să își revendice victoria, pământul a început să se cutremure (vezi Mat. 27:51). Piatra uriașă din fața mormântului s-a dat miraculos la o parte. Isus a făcut ceva ce a șocat o lume întreagă.

A înviat din morți.

Isus e viu!

El a frânt puterea morții și a învins păcatul o dată pentru totdeauna (vezi 1 Petru 3:18). „Unde îți este biruința, moarte? Unde îți este boldul, moarte?" (1 Cor. 15:55). Prin moartea și învierea Lui, Isus a preluat întreaga noastră vină: trecută, prezentă și viitoare. El a plătit pedeapsa pentru cele mai profunde, întunecate și rușinoase păcate ale noastre. El a murit pentru păcatul pe care noi încercăm să îl acoperim și să îl ascundem. El a murit și ne-a oferit acoperirea de care noi toți avem mare nevoie. Datorită lui Isus, nu trebuie să ne ascundem în spatele frunzelor de smochin. Putem accepta acoperirea perfectă a iertării și neprihănirii pe care El ni le dă. Așa cum a spus John Piper: „Dumnezeu a venit în istorie în Isus Cristos. El a murit pentru a distruge puterea iadului, a morții, a lui Satan și a păcatului, și a făcut acest lucru prin Evanghelia lui Isus Cristos."[1] Isus a murit ca noi să putem fi liberi. Matei 20:28 spune: „Fiul Omului a venit... ca să-Și dea viața ca răscumpărare pentru mulți."

> *Nu trebuie să pretindem că putem face totul, fiindcă a făcut Isus în locul nostru.*

Eroul a biruit! Misiunea de salvare a avut succes.

Isus a îndeplinit misiunea pentru care a venit. Dorința inimii noastre de a avea un erou s-a împlinit în Isus Cristos. După El tânjește sufletul nostru. În loc să încercăm să fim propriul nostru erou, putem acum să aducem păcatul, vina și rușinea noastră înaintea lui Isus în smerenie, iar El ne va primi. Nu trebuie să pretindem că putem face totul, fiindcă a făcut Isus în locul nostru. De fapt, nici măcar nu are rost să ne prefacem că am putea, fiindcă Dumnezeu vede exact ce e în inima noastră. El ne vede păcatul mai clar decât îl vedem noi. De aceea, milostiv fiind, El L-a trimis pe Isus să moară pentru noi. El a știut că aveam nevoie să fim salvați înainte ca noi să ne dăm seama măcar. Acum avem speranță și libertatea de a fi sinceri în legătură cu poverile noastre și să I le mărturisim lui Dumnezeu în rugăciune. Isus Însuși a spus: „Eu am venit ca oile să aibă viață, și s-o aibă din belșug" (Ioan 10:10). Datorită morții și învierii lui Isus, avem puterea de a cuceri orice păcat și luptă sexuală. Avem în El puterea de a rezista ispitelor sexuale.

Isus îți aduce eliberare chiar în cele mai adânci și ascunse locuri din inima ta, unde îți dosești povara rușinii și coruperii sexuale. El îți dă iertare. Restaurare. Viață nouă. Dacă îți pui încrederea în El ca Salvator și accepți sacrificiul Său în numele tău, vei avea viață veșnică (vezi Ioan 3:16). Vei avea acces la o relație personală cu Dumnezeu Însuși.

Odată ce Îl accepți pe Isus ca Mântuitor, Biblia spune că devii o făptură nouă! Ți se dă o sursă de putere și tărie pe care nu ai mai avut-o până atunci. În loc să te îneci în continuare fără speranță în propriul păcat, ești chemată să renunți la căile tale vechi și să vii la o viață nouă cu El. Apostolul Pavel descrie această transformare incredibilă în cartea Galateni 2:20:

> „Am fost răstignit împreună cu Hristos și trăiesc..., dar nu mai trăiesc eu, ci Hristos trăiește în mine. Și viața pe care o trăiesc acum în trup o trăiesc în credința în Fiul lui Dumnezeu, care m-a iubit și S-a dat pe Sine însuși pentru mine."

Fiind făpturi noi în Cristos, noi, credincioșii, avem puterea să ne considerăm „vechiul nostru eu" ca fiind mort în fața puterii păcatului. Deși nu putem scăpa de trupurile noastre păcătoase pe acest pământ, suntem chemați să mergem prin credință, căutând putere la Cristos.

Ea a fost făcută o făptură nouă

O femeie pe nume Kate are o mărturie puternică despre cum a transformat Isus „vechiul ei eu" și a făcut-o o făptură nouă în El. Tânăra Kate era obsedată de romane romantice și făcea orice îi stătea în putință să fie văzută de băieți. Și-a dat trupul mai multor bărbați, sperând că astfel îi va putea păstra. Dar nu a putut. Pe măsură ce au trecut anii, știa că viața ei aluneca pe o spirală descendentă. Erotismul, pornografia și multe alte plăceri păcătoase au devenit tovarășele ei de nedespărțit. Fiind creștină, știa că alegerile ei sexuale nu Îl onorau pe Dumnezeu, dar nu prea știa cum să își schimbe cursul vieții. A încercat de multe ori să se schimbe, dar schimbarea nu a durat. Nimic nu părea să meargă.

Apoi, într-o zi, a ajuns într-un punct critic.

Era epuizată de strădaniile de a fi propriul ei erou. Era obosită de promisiunile nesfârșite de a se schimba. Deși părea bine pe din afară, pe dinăuntru era distrusă.

Într-o seară, stătea pe podeaua din dormitorul ei, suspinând. Vărsându-și inima înaintea lui Dumnezeu, și-a mărturisit mândria de a fi încercat să se descurce singură. Și-a mărturisit păcatul sexual lui Dumnezeu și și-a regretat alegerile rebele. I-a cerut iertare lui Dumnezeu și s-a rugat ca harul Său transformator să îi dea o inimă curată.

> *Acum se uita la Cristos să îi transforme inima.*

Seara aceea a fost un punct de cotitură în viața lui Kate. În loc să își trăiască viața prin propriile ei puteri și după propriile plăceri, acum se uita la Cristos să îi transforme inima. Nu mai alerga după plăcerile trecătoare. Nu mai căuta plăcerile trecătoare ale acestei lumi, ci, în schimb, căuta satisfacție și împlinire în relația ei cu Isus. Drumul ei spre libertate nu a fost lipsit de hopuri și greutăți, dar, pe măsură ce s-a apropiat mai mult de Cristos, s-au schimbat și dorințele și aspirațiile ei. Și-a găsit un mentor din biserica ei și a făcut tot ce i-a stat în putere să îi dea socoteală.

Anii au trecut, iar viața lui Kate nu a mai semănat deloc cu cea de dinainte. Vechiul ei „eu" nu mai era. Era o femeie liberă. Isus a rupt lanțul păcatelor din viața ei și i-a dat putere să meargă în libertatea harului transformator al lui Dumnezeu.

Viața lui Kate este un exemplu frumos al puterii transformatoare a lui Isus. Indiferent cu ce te-ai lupta acum, există speranță pentru viitorul tău. La fel ca în cazul lui Kate și al nostru, Isus îți poate transforma și ție inima și coruperea sexuală.

Isus a venit să îndrepte ceea ce s-a strâmbat teribil de rău în grădină. Isus este eroul adevărat de care are nevoie fiecare dintre noi. El a venit să rupă lanțurile păcatului din viețile noastre și să ne elibereze (vezi Ps. 107:13–16; Luca 4:18).

Nu mai trebuie să fim sclavele păcatului nostru. Nu mai trebuie să purtăm povara coruperii noastre morale și a rușinii. Nu trebuie să ascultăm minciunile dușmanului nostru. Nu trebuie să credem versiunea falsă a lumii despre păcat. Nu trebuie să ne prăbușim sub povara vinii noastre. Ni s-a dat o viață nouă în Isus. Am fost eliberate. Prin Isus Cristos avem acum responsabilitatea și suntem chemate să umblăm în această libertate.

6. ȘASE ADEVĂRURI BIBLICE DESPRE SEXUALITATEA NOASTRĂ

În adolescență, ne plăcea să jucăm baschetbal. Fiind competitive, ne-am descurcat foarte bine pe teren. Am câștigat multe jocuri. Victoria avea un gust foarte dulce. Ne-a ajutat și că am avut un antrenor uimitor (tatăl nostru) și că aveam 1,85 m fiecare. Ne făcea plăcere nu numai să jucăm baschet, ci și să urmărim meciurile. Fiind din mărețul stat Texas și mărețul oraș San Antonio, am crescut urmărind cu înfrigurare meciurile echipei locale de baschet. Când eram adolescente, admiram un jucător anumit din echipă. Era înalt, (2,16 m), atletic și juca în aceeași poziție cu noi pe teren. După părerea noastră, era întruchiparea minunăției. Da, a *minunăției*. Dacă te pasionează și pe tine Asociația Națională de Baschet (NBA), poate îți aduci aminte de el: marele David Robinson (alias Amiralul). Oricât de mult i-am fi admirat talentul de baschetbalist, eram și mai impresionate de viața lui de creștin sincer.

Odată, la o conferință din San Antonio, am avut ocazia să îl auzim vorbind. David, cu mult mai înalt decât oricare altul dintre cei prezenți, s-a aplecat pe scenă și ne-a împărtășit cu sinceritate, din toată inima lui. A vorbit despre provocările credinței în lumea sportului de performanță și a ispitelor la tot pasul. El ne-a spus cât de important era Dumnezeu pentru el și cât de mult ținea la soția și copiii lui. Scopul lui era să Îl onoreze pe Dumnezeu în tot ce făcea, fie pe teren, acasă sau când era în turnee, departe de familia lui. Atitudinea lui curajoasă față de puritatea sexuală și credincioșia față de soția lui au atras atenția tuturor. Publicul național l-a observat.

În 1996, *Sports Illustrated* l-a pus pe copertă cu titlul „Încercările lui David". În articol, Robinson descrie cum a reușit să rămână creștin, soț și tată în mijlocul ispitelor intense din NBA. De exemplu, în timpul reclamelor televizate, stătea pe banca de rezervă, cu ochii insistent în podea pentru a evita să se uite la majoretele care hipnotizau pe toată lumea. Articolul menționează că, la fel ca toți jucătorii NBA, Robinson era abordat frecvent de femei atractive care voiau să stea de vorbă cu el… care, cel mai probabil, i-ar fi oferit mai mult decât niște vorbe de duh. Obiceiul lui însă era să le trimită la plimbare destul de repede. Când a fost luat la întrebări despre comportamentul lui aparent „bădăran", el a răspuns ceva de genul acesta: „Dacă e să sufere vreo femeie, în niciun caz nu va fi soția mea."[1]

Într-o lume a sexului ocazional și a aventurilor de-o noapte, presa a observat acest bărbat care își prețuia enorm căsnicia. David ținea la legământul pe care îl făcuse față de soția lui mai mult decât la o senzație ieftină. Ținea la sacralitatea patului conjugal și căuta să onoreze acel legământ. Cei ce-l urmăreau nu-i înțelegeau deseori atitudinea, dezaprobându-l, dar David nu făcea decât ce știa că se cuvine și este corect. Convingerile sale veneau din relația sa personală cu Mântuitorul, pe care viața lui o exemplifica. David Robinson nu a fost doar un jucător NBA, ci și un creștin care a trăit pentru

David Robinson nu a fost doar un jucător NBA, ci și un creștin care a trăit pentru gloria Regelui.

gloria Regelui. Pentru noi două, David a fost o inspirație în adolescență, și încă mai este. El a crezut în Cuvântul lui Dumnezeu și l-a îmbrățișat din toată inima. Nu s-a lăsat clătinat de cultura pop sau de reflectorul faimei. Nu a adoptat ideile populare doar fiindcă toți ceilalți făceau acest lucru. Perspectiva sa despre sex și căsătorie a fost modelată de Cuvântul lui Dumnezeu.

Femeile creștine de azi pot învăța multe de la acest veteran al baschetbalului. El nu a căutat senzații de scurtă durată, și nici noi nu trebuie să facem acest lucru.

Așa cum spun și vorbele celebre ale lui C.S. Lewis: „Suntem creaturi cu inima slabă, care se prostesc cu alcool, sex și ambiții, deși ni se oferă o bucurie infinită. Ne asemănăm cu un copil ignorant, care se mulțumește să se joace în noroi, fiindcă nici măcar nu își imaginează ce îi poate oferi țărmul mării. Suntem prea ușor de mulțumit."[2] Ce ne oferă Dumnezeu este de mii de ori mai bun decât plăcerile diluate ale societății. Planul Lui pentru sex, căsătorie și feminitate este uimitor de frumos. El susține aceste lucruri și vrea să ne arate cum să ne bucurăm cu adevărat de ele. Atunci când Îl credem pe Dumnezeu pe cuvânt și ne punem încrederea în planul Lui, vom experimenta libertatea adevărată ca niciodată. Va fi ușor? În niciun caz. Nici pentru David Robinson nu a fost ușor. Nu va fi ușor nici pentru tine. Dar lupta merită, fără îndoială. Căile lui Dumnezeu sunt întotdeauna mai bune.

E timpul să nu ne mai mulțumim cu puțin, ci să căutăm ceva mult mai captivant.

Tu ce fel de fată vei fi?

Înainte să intrăm în detaliile planului lui Dumnezeu pentru sexualitate, trebuie mai întâi să ne oprim și să hotărâm care va fi sursa noastră de adevăr. Înainte să avem o discuție despre sex, trebuie să avem o discuție despre Dumnezeu. Multe voci oferă mesaje contradictorii despre sex, căsătorie și identitate, prin urmare pe cine vom asculta? Vom apela la Dumnezeu pentru răspunsuri sau vom asculta vocea populară a societății? Vom asculta de sentimentele și părerile noastre sau vom căuta învățăturile Bibliei?

În zilele de astăzi, nu poți să nu dai nas în nas cu zeci de întrebări fierbinți. *Este greșit să faci sex înainte de căsătorie? Dar pornografia? Ce părere ai despre căsătoriile între homosexuali? Crezi că e păcat să locuiești împreună cu partenerul tău înainte de căsătorie?*

> Înainte să avem o discuție despre sex, trebuie să avem o discuție despre Dumnezeu.

Dacă ar trebui să răspunzi la aceste întrebări chiar acum, ce ai spune? Și mai important, de unde ți-ai lua răspunsurile? Noi, femeile creștine, trebuie să ne hotărâm care va fi pentru noi sursa adevărului. Vom alege să îmbrățișăm tot Cuvântul lui Dumnezeu sau numai pasajele acceptabile în cultura noastră? Vom lăsa Biblia să modeleze perspectiva despre lume sau vom lăsa perspectiva lumii să modeleze Biblia?

Pe măsură ce vei căuta răspunsuri la aceste întrebări dificile, vei alege automat una dintre cele trei categorii:

1. Fata care contestă tot Cuvântul lui Dumnezeu.
2. Fata care ia din Cuvântul lui Dumnezeu ce îi convine.
3. Fata care acceptă tot Cuvântul lui Dumnezeu.

Fie că realizezi, fie că nu, vei fi într-una dintre aceste categorii. Iată cum arată o fată din fiecare categorie de mai sus.

1. Fata care contestă

Genul acesta de fată respinge întreg Cuvântul lui Dumnezeu și contestă orice are acesta de spus despre sex și sexualitatea ei. Când e vorba de sexualitatea ei, preferă să trăiască după propriile ei reguli. E genul de fată care face cum îi spune inima și ia decizii care o binedispun pe moment.

2. Fata care ia ce îi convine

Genul acesta de fată nu respinge în totalitate Cuvântul lui Dumnezeu, dar nici nu Îl acceptă în totalitate. Credința ei e undeva la mijloc. Vrea să facă binele, dar uneori e prea greu. Deseori cedează la presiunile societății și ignoră Biblia, când intră în conflict cu ceea ce e mai ușor de crezut. Cu siguranță pretinde că e creștină, dar alege ce să creadă din Biblie.

3. Fata care acceptă

Genul acesta de fată crede din toată inima că Dumnezeu e Designerul ei și lasă Biblia să îi definească credințele. Ea alege să trăiască adevărul integral, chiar și atunci când e greu și când nu simte. Ea are încredere că planul lui Dumnezeu pentru sex și pentru sexualitatea ei e un lucru bun. Căile Lui sunt pentru binele ei. Biblia este temelia adevărului ei și filtrează orice decizie și credință prin Cuvântul Lui.

Atunci când se ajunge la multitudinea de perspective despre sexualitate care au inundat societatea de astăzi, trebuie să decizi ce fel de femeie vei fi. Vei alege să fii aceea care *contestă* și respinge Cuvântul lui Dumnezeu; *aceea care ia ce îi convine,* acceptând doar unele lucruri pe care le spune Biblia și respingând altele sau aceea care *acceptă,* crezându-L pe cuvânt pe Dumnezeu și acceptând tot ce spune El?

Rugăciunea noastră pentru tine este să alegi să fii *fata care acceptă,* să îți clădești perspectiva despre viață pe temelia solidă a adevărului nepieritor al lui Dumnezeu (vezi Psalmul 19:7–11).

Opiniile vin și pleacă. Culturile se schimbă în timp. Sentimentele se evaporă. Dar Cuvântul lui Dumnezeu este constant. „Iarba se usucă, floarea cade, dar cuvântul Dumnezeului nostru rămâne în veac" (Is. 40:8). Să fim o generație de femei care cred în Biblie și care își pun încrederea în Cuvântul nepieritor și tare ca o stâncă al lui Dumnezeu.

Acceptarea adevărurilor despre felul în care am fost create sexual

În capitolul 4, am scris despre patru minciuni culturale cu privire la felul în care am fost create sexual. Acum, vom contracara acele minciuni cu adevărurile convingătoare ale lui Dumnezeu. Înțelegând cine ne-a creat Dumnezeu să fim este esențial pentru a da răspuns întrebărilor dificile ale vieții. Fără să ai o temelie biblică pentru credințele tale pe subiecte precum gen, sex, căsătorie sau feminitate, este ușor să fii purtată de vânt de dorințe personale și opinii populare.

Indiferent prin ce ai trecut sau cu ce te zbați în prezent, rugăciunea noastră este să găsești mângâiere și speranță în planul bun al lui Dumnezeu. Ioan 8:32 spune: „Veți cunoaște adevărul, și adevărul vă va face slobozi." Adevărul lui Dumnezeu ne aduce eliberare. Bazează-te pe el și acceptă-l. Ai fost creată să fii o imagine frumoasă a Creatorului tău. Iar designul tău sexual este o parte spectaculoasă a acestui lucru.

Adevărul nr. 1: Identitatea sexuală este o realitate desemnată de Dumnezeu

Jackie Hill Perry este o femeie care a simțit atracție pentru același sex pentru prima dată când avea cinci ani. Nimeni nu a învățat-o cum să îi placă fetele... s-a întâmplat, pur și simplu. Aceste sentimente au însoțit-o de când se știe. Când a ajuns adolescentă, sentimentele s-au intensificat. La vârsta de 17 ani, a avut prima relație cu o femeie și a îmbrățișat viața de lesbiană.

Apoi, la vârsta de 19 ani, s-a întâmplat ceva care i-a schimbat radical viața. A ajuns să Îl cunoască pe Isus Cristos. Nu mai simțise niciodată o dragoste atât de puternică. Nu mai cunoscuse niciodată un Dumnezeu atât de apropiat. În următorii câțiva ani, Isus i-a schimbat viața cu totul.

Perry povestește despre călătoria ei de descoperire a adevăratei ei identități în Cristos în cartea ei: *Gay Girl, Good God* [Fată lesbiană, Dumnezeu bun]. Atunci când și-a adus suferința și durerea la picioarele crucii, Isus i-a transformat complet viața cu iubirea Lui. Cu cât s-a apropiat mai mult de Isus și a înțeles mai bine planul Lui pentru feminitate, cu atât mai mult inima ei s-a înmuiat în fața adevărului Său. Cu timpul, identitatea ei nu a mai fost definită de dorințele ei. În schimb, a fost definită de rolul ei de fiică a Celui preaînalt. Acum, pasiunea ei cea mai mare este să-și trăiască viața pentru gloria Lui.

Dacă te lupți cu sentimente contradictorii în legătură cu identitatea ta sexuală sau știi pe cineva care se luptă, vrem să știi că nu ești singură. Știm că poate fi foarte dureros și confuz. Uneori te simți singură și izolată în acest demers. Dar, draga mea, Dumnezeu te vede și te cunoaște. El te iubește profund. El nu vrea decât să te atragă în libertatea frumoasă a harului Său transformator. În lupta ta, să nu uiți că nu ești singura. Bazează-te pe adevărul lui Dumnezeu, iar El îți va vorbi exact în punctul în care ești.

Când Jackie Hill Perry a dat nas în nas cu Evanghelia, a fost confruntată cu o întrebare dificilă și personală. Cine are autoritatea de a-mi decide identitatea? Eu sau Dumnezeu? Într-un articol cu titlul „Organele genitale nu ne dictează destinul. Dar ne sunt desemnate?" John Piper ridică întrebarea: „Genul este stabilit de preferința unei persoane sau de providența lui Dumnezeu? Sau, dacă punem întrebarea altfel: Sexul este decis de mine sau de planul lui Dumnezeu privind natura mea?"[3]

Când căutăm în societate răspunsuri la aceste întrebări fierbinți, ni se spune cu înflăcărare să ne împlinim propriile dorințe. Ni se spune „să ne urmăm inima" sau „să fim corecte cu noi înșine". Christopher Asmus, un pastor care are o mărturie asemănătoare cu cea a lui Jackie Hill Perry, spune: „Etica sexuală predominantă în zilele noastre este: «Simt, deci exist.»"[4] Independența omului este supremă. Deși sună convingător și eliberator, nu lasă loc de Dumnezeu. Ideologia aceasta ne îndeamnă, de fapt, să ne găsim identitatea în dorințele noastre sexuale, nu în Cristos. Sentimentele și dorințele interne devin zeii din viețile noastre. Drept rezultat, ajungem să ne etichetăm cu identități pe care Dumnezeu nu ni le-a dat niciodată.

> Să te împotrivești unui lucru care pare atât de corect, poate părea deseori ilogic.

Dar sentimentele și dorințele ne pot juca feste, fără îndoială. Să te împotrivești unui lucru care pare atât de corect, poate părea deseori ilogic. Jackie Hill Perry ne povestește lupta pe care a dus-o ea cu dorințele ei sexuale. Pe măsură ce a înțeles mai bine adevărul lui Dumnezeu, a învățat să își vadă sentimentele și dorințele din perspectivă biblică și a descoperit că nu erau atât de adevărate și de bune precum crezuse.

Când păcatul a intrat în lume, ne-a pângărit și ne-a distorsionat dorințele. În urma păcatului, inclinația naturală a inimilor noastre s-a denaturat și ne-a îndepărtat de Dumnezeu. De aceea, nu trebuie să îi spună nimeni unui copil mic cum să se smiorcăie, să dea cu pumnii și să își lovească frații. Aceste lucruri îi vin natural. Biblia descrie aceste dorințe denaturate ca fiind contrare și opuse adevărului și dreptății. Așa cum am văzut mai devreme: „Căci firea pământească poftește împotriva Duhului, și Duhul, împotriva firii pământești" (Gal. 5:17). Christopher Asmus spune astfel: „Rezultatul căderii este că inimile noastre sunt în haos și în întuneric (Rom. 1:21). În loc să iubim lumina și să urâm întunericul, iubim întunericul și urâm lumina (Ioan 3:19). Fiindcă ne îndrăgostim din ce în ce mai mult de întuneric, păcătuim și alegem calea care duce la moarte (Iac. 1:14–15; Prov. 14:12)."[5]

Atunci când ne vedem dorințele sexuale din perspectivă biblică, devine clar că nu e o alegere bună să facem ce ne spune inima. Despărțiți de Cristos, inimile noastre nu ne vor arăta calea spre adevăr, neprihănire și libertate. De fapt: „Inima este nespus de înșelătoare" (Ier. 17:9). Inimile noastre ne înșală în continuu; de aceea, trebuie să fim atente să nu ne bazăm identitatea pe ceea ce simțim.

Pe măsură ce învățăm să ne vedem dorințele din perspectivă biblică, trebuie să înțelegem alt element-cheie: dorințele păcătoase nu trebuie să definească identitatea noastră. De vreme ce sentimentele și dorințele noastre au fost denaturate de firea păcătoasă care locuiește în noi, fiecare vom înfrunta tentații păcătoase nedorite la ordinea zilei. Toate ne luptăm cu această realitate coruptă în fiecare zi. Oricât ar fi de tentant, să nu facem greșeala de a pune etichete identității noastre sexuale după dorințele noastre păcătoase. Dacă suntem creștine, căpătăm o identitate nouă datorită statutului pe care îl avem în Cristos (vezi 2 Cor. 5:17). Suntem păcătoși răscumpărați și iertați de Cristos. Nu ne definește păcatul nostru, ci identitatea de copil al lui Dumnezeu, plătită cu sânge. Mulțumiri fie aduse lui Cristos, avem acum puterea de a răspunde în curăție dorințelor și ispitelor păcătoase. Atunci când o dorință păcătoasă iese la suprafață în inima noastră (fie atracția pentru același sex, fie o dorință heterosexuală), putem face două lucruri: putem răspunde în fire, satisfăcând dorința păcătoasă sau putem răspunde în curăție, prin puterea Duhului, opunându-ne dorinței păcătoase. Trebuie să citim din nou Romani 8:5–13 pentru a nu uita că victoria este în Cristos, alegând să umblăm în Duhul:

> „În adevăr, cei ce trăiesc după îndemnurile firii pământești umblă după lucrurile firii pământești, pe când cei ce trăiesc după îndemnurile Duhului umblă după lucrurile Duhului. Și umblarea după lucrurile firii pământești este moarte, pe când umblarea după lucrurile Duhului este

> viață și pace. Fiindcă umblarea după lucrurile firii pământești este vrăjmășie împotriva lui Dumnezeu, căci ea nu se supune Legii lui Dumnezeu și nici nu poate să se supună. Deci cei ce sunt pământești nu pot să placă lui Dumnezeu.
>
> Voi însă nu mai sunteți pământești, ci duhovnicești, dacă Duhul lui Dumnezeu locuiește în adevăr în voi. Dacă n-are cineva Duhul lui Hristos, nu este al Lui. Și dacă Hristos este în voi, trupul vostru, da, este supus morții din pricina păcatului, dar duhul vostru este viu din pricina neprihănirii."

Oricât de puternice ar fi dorințele noastre sexuale uneori, avem puterea lui Cristos care locuiește în noi și ne autorizează să răspundem în curăție. Identitatea noastră sexuală nu trebuie să fie hotărâtă de dorințele și ispitele noastre sexuale. Rosaria Butterfield este o altă femeie cu o poveste puternică despre cum i-a transformat Evanghelia viața și a eliberat-o de dorințele homosexuale. Ea spune: „Există o diferență mare în perspectiva lumii între a spune că te lupți cu atracția pentru același sex și a spune că ești gay. Una îți permite să ții lupta la distanță, văzând homosexualitatea ca pe o consecință a Căderii; în cealaltă, identitatea ta cedează în luptă, văzând orientarea sexuală ca pe o realitate neutră din punct de vedere moral."[6]

Isus Cristos a venit pe pământ și a murit pe cruce pentru ca noi să fim eliberați de puterea păcatului din viețile noastre. În El și prin puterea Lui, nu mai suntem sclavi păcatului, ci curăției (vezi Rom. 6:17–18). În Cristos, avem nu numai puterea de a rezista tentației, ci și abilitatea de a crește și a ne schimba din cine am fost în cine ne cheamă Cristos să fim.

Jackie Hill Perry a descoperit că aceste adevăruri biblice sunt atât eliberatoare, cât și conflictuale. În timp ce firea ei se lupta cu duhul ei, ea a apelat la rugăciune:

> În timp ce mă rugam și meditam [la adevărul lui Dumnezeu], El mi-a vorbit în inima mea: „Jackie, trebuie să crezi că ce

> spun Eu este adevărat, chiar dacă este în contradicție cu ceea ce simți." O! Așa e. Ori am încredere în cuvântul Lui, ori în sentimentele mele. Fie mă uit la El pentru plăcerea după care tânjește sufletul meu, fie o caut în lucruri mărunte. Fie umblu în ascultare de ceea ce spune El, fie resping adevărul Lui, considerându-l o minciună.[7]

Jackie a descoperit că, în loc să îmbrățișeze dorințele ei ca fiind adevărul, trebuie să apeleze la Cuvântul nepieritor și neschimbător al lui Dumnezeu pentru a-i arăta adevărul. Psalmul 119:105 spune: „Cuvântul Tău e o candelă pentru picioarele mele și o lumină pe cărarea mea." Cuvântul lui Dumnezeu este ca o candelă în viețile noastre, care ne luminează calea adevărului ca să putem merge pe ea. Drumul pe care a mers Jackie nu a fost ușor. A fost plin de succese și eșecuri, hârtoape și lupte. Într-un interviu din *Christianity Today*, ea ne împărtășește:

> Ca fostă lesbiană… am avut o provocare anume când a venit vorba despre cum să întruchipez feminitatea așa cum este ea descrisă în Scripturi. A trebuit să învăț cum să discern între cei care abordează subiectul feminității, să îmi dau seama dacă se foloseau de versiunea lui Dumnezeu sau a culturii. Am văzut că oamenii își puneau cultura în textele Scripturii, în loc să lase Scriptura să le formeze cultura.
>
> Am făcut eforturi mari să mă întorc la bazele Cuvântului lui Dumnezeu. Când am început să văd, de fapt, feminitatea prin lentilele lui Isus, mi-a fost de foarte mare ajutor. Modelarea feminității mele după cuvintele lui Isus schimbă totul.[8]

Jackie Hill Perry, Rosaria Butterfield și multe alte femei au descoperit libertatea care le-a schimbat viața, aceea de a-L lăsa pe Dumnezeu să le definească sexualitatea și feminitatea. Încredințându-și Lui dorințele, viețile lor au fost schimbate radical de puterea Evangheliei. Nu își mai regăsesc identitatea în cine cred ele că sunt, ci în cine le-a creat Cristos să fie.

Oricât de mult contravine această realitate culturii în care trăim, identitatea noastră adevărată nu se găsește decât în designul pe care ni l-a făcut Creatorul. El ne-a creat, de aceea, El este Cel care ne poate defini. Așa cum spune John Piper: „Nici cui ar trebui să ne închinăm, nici cine suntem din punct de vedere sexual nu sunt la latitudinea preferințelor noastre."[9] Dumnezeu te-a creat să fii femeie. El a ales ce gen să ai. Identitatea ta sexuală este o realitate frumoasă, hotărâtă de Dumnezeu. Fie ca noi, femeile creștine, să luăm aminte la acest adevăr și să ne străduim să acceptăm planul lui Dumnezeu pentru feminitate. Să ne rugăm pentru smerenie și ascultare în timp ce căutăm să fim purtătoare autentice ale chipului Lui, ale căror vieți spun povestea adevărată despre Creatorul nostru.

> Identitatea ta sexuală este o realitate frumoasă, hotărâtă de Dumnezeu.

Adevărul nr. 2: Căsătoria este un legământ între un bărbat și o femeie

În timp ce sute de ochi ne priveau, eu (Kristen) stăteam pe scenă în fața viitorului meu soț, Zack. Când mi-a luat mâinile într-ale sale, am simțit greutatea acelui moment. Nu era o zi obișnuită. Era treabă serioasă. Cu inima bubuindu-mi în piept de încântare și gândindu-mă la viața ce ne stătea înainte, i-am rostit jurământul lui Zack. În fața a sute de martori, mi-am exprimat angajamentul de a mă căsători cu acest bărbat până când „moartea ne va despărți". Zack mi-a făcut același jurământ. În timp ce pastorul ne-a declarat soț și soție, un legământ invizibil ne-a legat împreună, pe viață. Indiferent de ce va aduce viitorul, am făcut promisiunea de a ne rămâne credincioși unul altuia.

În societatea de azi, căsătoria poate însemna foarte multe lucruri, pentru foarte mulți oameni. În funcție de persoana cu care stai de vorbă, poți auzi o multitudine de descrieri și definiții. Așa cum am văzut în capitolele precedente, societatea modernă a hotărât că mariajul nu este decât un contract între doi oameni în căutarea fericirii personale. Mulți oameni cred că mariajul este o instituție creată de om, menită să păstreze ordinea în societate. Dacă așa stau lucrurile, atunci „o instituție creată de mâna omului poate fi întotdeauna extinsă sau reformată, în funcție de dorințele omenirii."[10]

Dar dacă lucrurile nu stau așa? Dacă dorințele noastre lăuntrice după tovărășie, intimitate, sex sau procreare nu sunt idei concepute de om? Dacă fac parte din planul hotărât de Dumnezeu?

Fiind femei creștine care se străduiesc să rămână credincioase Cuvântului lui Dumnezeu, trebuie să abordăm căsătoria cu aceste întrebări fundamentale: Cine a creat căsătoria? De ce a fost creată? Cum ar trebui privită și trăită?

Așa cum am discutat mai devreme în cartea aceasta, Dumnezeu a instituit prima căsătorie când i-a unit pe Adam și pe Eva ca soț și soție (vezi Gen. 1:28; 2:24; Marcu 10:6–9). În acest punct, vedem că planul lui Dumnezeu pentru căsătorie are beneficii minunate, precum sprijin reciproc, urmași și împlinire sexuală. Numai după ce citim Noul Testament vedem că Dumnezeu are un scop mai mare pentru căsătorie. Pe măsură ce punem lucrurile cap la cap, din Geneza până în Apocalipsa, descoperim o capodoperă incredibilă și magnifică. De la început, Dumnezeu a creat căsătoria cu scopul de a transmite povestea frumoasă, de răscumpărare, a Evangheliei.

În cartea noastră *Ce ești tu, dragoste?*, am explicat acest lucru în detaliu:

> Căsătoria, deși frumoasă, este doar o reprezentare a ceva cu mult mai măreț. Este o reprezentare pământească a ceva cu mult mai mare. Dumnezeu a plasat instituția căsătoriei pe peretele acestei lumi pentru a reprezenta Evanghelia.

„De aceea va lăsa omul pe tatăl său și pe mama sa și se va lipi de nevastă-sa, și cei doi vor fi un singur trup. Taina aceasta este mare (vorbesc despre Hristos și despre Biserică)." (Ef. 5:31–32)

Cel mai important scop pentru care Dumnezeu a creat căsătoria este acela de a arăta lumii o reprezentare pământească a legământului lui Cristos cu Biserica Sa. Cristos este mirele, iar Biserica este mireasa Lui. [11]

Spre deosebire de un contract, relația de căsătorie este modelată după propria relație de legământ a lui Dumnezeu cu poporul Său, Biserica. Un legământ este o promisiune atât de puternică și de strânsă, încât nu poate fi ruptă. Dumnezeu a creat căsătoria pentru a arăta lumii cum va arăta legământul Său de dragoste și devotament față de copiii Săi. Bărbatul/mirele este oglindirea lui Cristos iar femeia/mireasa este imaginea Bisericii (vezi Ef. 5:22–24). Autorul Tim Challies scrie: „Căsătoria nu este o instituție creată de om spre beneficiul omului în primul rând, ci mai degrabă o instituție creată de Dumnezeu în primul rând pentru gloria Lui."[12] Definirea căsătoriei în termenii lui Dumnezeu este esențială pentru a reda imaginea corectă a cine este Dumnezeu și ce înseamnă Evanghelia. Atunci când doi oameni de același gen se unesc și numesc această unire căsătorie, unirea lor nu redă povestea lui Cristos și a Bisericii Sale. Atunci când un cuplu decide să trăiască împreună, în loc să se căsătorească, nu au cum să reprezinte legământul de dragoste al lui Dumnezeu. Când căsătoria este distrusă de adulter și divorț, ea nu mai este o reprezentare a devotamentului și promisiunii lui Dumnezeu.

Un legământ este o promisiune atât de puternică și de strânsă, încât nu poate fi ruptă.

Ținta cea mai importantă a femeilor creștine ar trebui să fie glorificarea lui Dumnezeu, în tot ce facem. Asta include felul în care abordăm și definim căsătoria.

Adevărul nr. 3: Sexul a fost creat pentru intimitate în căsătorie

Într-o societate care prezintă sexul ca pe un bufet nesfârșit de plăceri nelimitate, suntem deseori îndemnate să credem că activitatea sexuală neconstrânsă este mai bună. Dar înainte să acceptăm orbește aceste mesaje populare, trebuie să săpăm mai adânc. Trebuie să punem câteva întrebări incomode. Este sexul premarital mai bun *întotdeauna*? Aduce cu adevărat activitatea sexuală neconstrânsă împlinire sufletească? Aventurile de o noapte chiar alină durerea din inima noastră?

În cercetările făcute pentru această carte, am dat de un forum în care cineva a pus întrebarea: „Este sexul total plictisitor și pentru voi, ceilalți?" Drept răspuns, o persoană a spus: „Nu știu cum sunt alții, dar eu mi-am pierdut total interesul pentru sex. Le-am văzut și le-am făcut pe toate. S-ar putea spune că sunt «obsedat sexual». Mi se pare o treabă plictisitoare, căreia nu îi mai văd sensul."[13] Multe persoane de pe forum simțeau la fel. Având acces nelimitat la oportunități și experiențe sexuale, rezultatul obținut a fost plictiseala.

Pastorul Garrett Kell spune: „Lumea prezintă plăcerea ca pe o pasiune efemeră care trece de la un iubit la altul și de la o fantezie la alta. Dar genul acesta de plăcere împlinește cu adevărat? Sau de fapt face și mai mare golul nemulțumirii noastre? Cine face clic pe o imagine pornografică și se oprește satisfăcut? Cine are fantezii de câteva secunde și apoi se oprește satisfăcut? Oferta plăcerii făcute de lume nu poate satisface o inimă care a fost creată pentru o plăcere mai profundă și trainică."[14]

Dumnezeu nu a creat sexul doar pentru extaz și plăcere de moment. Așa cum Dumnezeu a modelat cu un anumit scop fiecare aspect al designului uman, la fel a gândit și sexul.

Dr. Juli Slattery ne face parte de câteva observații uimitoare despre planul și scopul măreț al lui Dumnezeu pentru sex:

> Dintre toate lucrurile pe care Dumnezeu le-a creat pe pământ pentru a ne învăța despre caracterul Lui, niciunul nu e mai puternic în creație sau mai prezent în Scriptură decât legământul marital și locul sexualității în cadrul acestuia. De ce este sexualitatea atât de importantă pentru Dumnezeu... Fiindcă sexualitatea este o metaforă sfântă a unui Dumnezeu care ne invită să facem legământ cu El. Dumnezeu te-a creat o ființă sexuală pentru a dezlega misterul cunoașterii unui Dumnezeu invizibil... Dumnezeu a creat femeile și bărbații — cu trup, emoții și dorințe — pentru a ne învăța despre legământul Său de dragoste.[15]

Dumnezeu a împletit în țesătura ființei noastre dorința profundă de a fi satisfăcuți intim într-o relație de legământ. Așa cum Dumnezeu a creat căsătoria ca pe o metaforă a relației lui Cristos cu Biserica Sa, sexul a fost creat ca o metaforă pământească a legământului de dragoste al lui Cristos cu Biserica Sa. Nu există niciun alt act pe acest pământ atât de intim, vulnerabil și apropiat ca intimitatea sexuală. Acest act fizic arată o frântură a profunzimii cu care Dumnezeu Își iubește poporul.

Dumnezeu nu a creat sexul doar pentru extaz și plăcere de moment.

Atunci când Dumnezeu i-a creat pe Adam și Eva, El i-a creat *pentru* căsătorie și *pentru* legământ (vezi Gen. 2:24; Evr. 13:4). În cadrul legământului de căsătorie, El le-a dat apoi relația sexuală pentru a-și sărbători legământul de dragoste. Dumnezeu a creat relațiile sexuale pentru a fi o celebrare fizică a dragostei, devotamentului și vulnerabilității pe care le împărtășim în căsătorie. Conform lui dr. Slattery: „Relațiile sexuale în căsătorie sunt un sacrament. Facem ceva fizic cu trupurile noastre pentru a ne aminti de promisiunea prin legământ pe care ne-o facem unul celuilalt."[16]

Sexul nu este numai o celebrare plăcută a legământului de căsătorie, ci și un mod de a aprofunda legătura dintre un soț și o soție. Dr. Slattery spune: „Să ne uităm la ce se întâmplă în trupurile și creierele noastre atunci când avem relații intime cu cineva: se formează o legătură atât de profundă între persoanele implicate, în moduri pe care nu le înțelegem – chiar și la nivel neurologic."[17] Am fost făcuți pentru legământ. Am fost făcuți pentru dragostea devotată. Așa ne iubește Dumnezeu, și așa a creat El bărbatul și femeia să se iubească într-un legământ de căsătorie. Sexul în afara căsătoriei o dă în bară. Acolo nu există legământ. Fără căsătorie, actul intim stabilit între trupul tău și al unei alte persoane este o celebrare falsă. Tim Keller spune că „sexul ar trebui să fie un semn a ceea ce ai făcut cu întreaga ta viață (adică, ți-ai dedicat-o pe deplin celeilalte persoane), de aceea sexul în afara căsătoriei, conform Bibliei, e lipsit de integritate. Îi ceri cuiva să facă cu trupul tău ce tu nu faci cu viața ta."[18]

> Indiferent dacă ești celibatară sau căsătorită, ai fost creată pentru intimitate reală cu Isus.

Chiar și înainte de căsătorie, dorințele noastre sexuale ne aduc aminte că suntem făcuți pentru o relație intimă. „În timp ce Dumnezeu a creat dorința sexuală pentru a trezi în noi dorul după dragoste, nici măcar căsătoria nu este împlinirea ultimă a acelei dorințe, spune dr. Slattery. Căsătoria este umbra, degustarea, metafora adevăratei dorințe de a fi cunoscut, acceptat și sărbătorit de Creatorul tău."[19]

Indiferent dacă ești celibatară sau căsătorită, ai fost creată pentru intimitate reală cu Isus. Împlinirea ultimă se găsește numai într-o relație de legământ cu Mântuitorul. Indiferent câte relații sexuale ai întreține pe pământul acesta, ele nu pot satisface dorința ta lăuntrică după o relație profundă cu Dumnezeu. Psalmistul scrie:

„Cum dorește un cerb izvoarele de apă,
  așa Te dorește sufletul meu pe Tine, Dumnezeule!
Sufletul meu însetează după Dumnezeu,
  după Dumnezeul cel viu." (Ps. 42:1–2)

Sexul este un dar spectaculos, dăruit nouă ca parte a relației de căsătorie pentru a oglindi dragostea lui Dumnezeu. Să fim femei care folosesc acest dar cu înțelepciune, care îl prețuiesc enorm și care se bucură de el *cu adevărat.*

Adevărul nr. 4: Feminitatea este o reprezentare a planului lui Dumnezeu pentru femei

Așa cum am vorbit în capitolul 3, feminitatea este adeseori prezentată ca puterea și încrederea în frumusețea fizică și exprimarea sexuală a unei femei. Este un subiect problematic, fiindcă este amestecat cu adevăruri parțiale. Trupul femeii *este* frumos. Senzualitatea unei femei e amețitoare. Dumnezeu ne-a creat cu o capacitate intensă de fi seducătoare și ispititoare. Așa cum spune Dannah Gresh: „Frumusețea feminină are o forță incredibilă. Experții în publicitate au descoperit că, dacă folosești imaginea unei femei într-o reclamă, crești timpul în care cineva se uită la ea cu 30%! Nu e la fel când folosești imaginea unui bărbat."[20]

Seducția feminină și senzualitatea fac parte din planul bun și inițial al lui Dumnezeu pentru noi. Dorința de a fi ispititoare și de a ne simți atractive este un aspect esențial al feminității. Noi, femeile, tânjim să fim plăcute. Vrem să fim sexy. Dumnezeu ne-a creat să fim extrem de ispititoare... dar nu pentru oricine. Senzualitatea a fost creată ca un dar privat pentru patul conjugal. Atunci când seducția feminină este folosită pentru a stârni intimitatea în căsnicie e un lucru extraordinar.

Gresh scrie: „Proverbe 5:18–19 spune: «Izvorul tău să fie binecuvântat și bucură-te de nevasta tinereții tale. Cerboaică iubită, căprioară plăcută: fii îmbătat tot timpul de drăgălășiile ei, fii îndrăgostit necurmat de dragostea ei!» Ce verset fierbinte! O traducere literală a ultimei expresii ar fi «fii îmbătat de sexualitatea ei.» Trupul femeii este extrem de ispititor și tentant. În contextul căsătoriei, e un lucru minunat."[21]

Problema nu este că noi, femeile, suntem extrem de amețitoare și frumoase, ci că ne folosim deseori de frumusețea și feminitatea noastră în moduri care nu Îl cinstesc pe Dumnezeu. Le putem folosi în mod egoist (putere, imoralitate, manipulare, satisfacții personale etc.) sau le putem îmbrățișa spre binecuvântarea altora și glorificarea lui Dumnezeu.

Proverbe 9 include o ilustrație puternică a „înțelepciunii și nebuniei" prezentată în povestea a două femei care își folosesc influența feminină în moduri foarte diferite.

La început, vedem o imagine a feminității prezentată ca fiind „înțelepciunea". Această femeie își iubește familia și se gândește tot timpul la binele acesteia (vezi v. 1–2). Ea nu e în ton cu ceea ce e popular, ci îi cheamă cu mult curaj pe ceilalți la un standard mai înalt (vezi 4–6). Ea iubește sfaturile înțelepte și le caută. Este nerăbdătoare să crească în înțelepciune și adevăr (vezi v. 9). Ea înțelege că teama de Dumnezeu este esențială pentru a fi o femeie înțeleaptă (vezi v. 10). Ea se concentrează pe privirea de ansamblu și vrea să trăiască o viață pe care nu o va regreta (vezi v. 11–12).

Mai departe, în contrast cu femeia aceasta înțeleaptă, vedem imaginea „nebuniei" prezentată într-o femeie care este „seducătoare și nu știe nimic" (v. 13 ESV). Ea își folosește farmecul feminin și trupul frumos pentru a atrage sexual bărbații care nu îi sunt soți (vezi v. 13). Tânjește după atenția bărbaților și o vânează în permanență (vezi v. 14). Îi place să fie impertinentă și se convinge că păcatul de fapt o împlinește (vezi v. 17). Ea e oarbă la păcatul din viața ei și nu vede că a luat-o pe calea care duce spre moarte (vezi v. 18).

Dumnezeu vrea ca noi să îmbrățișăm feminitatea cu înțelepciune și discreție. El vrea ca noi să ne folosim frumusețea, influența, sexualitatea și inteligența în moduri care îi binecuvântează pe ceilalți și promovează Împărăția Lui. Valoarea noastră nu este dată de aspectul fizic, sex-appeal, realizări sau câtă atenție ne acordă bărbații; ci ea ne este dată de Creatorul nostru (vezi Ps. 139:13–14).

Feminitatea biblică este frumoasă, inteligentă și convingătoare.

Feminitatea biblică este frumoasă, inteligentă și convingătoare. Avem un preț mult mai mare decât cel pe care ni-l acordă lumea asta care ne transformă în niște obiecte. Ni s-au oferit demnitate și valoare uriașe datorită Creatorului nostru. Haideți să ne exprimăm feminitatea în moduri care arată identitatea noastră adevărată ca fiice ale Regelui și să Îl glorificăm pe Cel ce ne-a răscumpărat. Pentru a învăța mai multe despre feminitatea biblică, te încurajăm să faci rost de cartea *Portret de domnișoară.*

Acceptarea planului bun al lui Dumnezeu într-o lume confuză

Într-o lume a mesajelor confuze și a definițiilor în continuă evoluție cu privire la sexualitate, căsătorie, intimitate și feminitate, Cuvântul lui Dumnezeu este constant. Planul Lui pentru identitatea noastră sexuală, pe care El a stabilit-o la începutul creației, nu s-a schimbat. Planul Lui pentru căsătorie a fost același încă de la începutul lumii, când l-a conceput. Scopul Lui pentru pasiunea și intimitatea sexuală a fost întotdeauna stabilit în contextul căsătoriei. El a intenționat întotdeauna ca feminitatea noastră să fie o exprimare frumoasă a genului nostru. Conceptul lui Dumnezeu pentru toate aceste aspecte și contextul în care ele să fie exprimate sunt bune și favorabile nouă.

Știm că am discutat multe aspecte... și nu trebuie să înțelegi totul acum. Dumnezeu te cheamă pur și simplu să faci primul pas, acela al încrederii. El te cheamă să fii o femeie care îmbrățișează din toată inima adevărul Lui.

7. FETELOR, SUNTEȚI CREATE PENTRU INTIMITATE

Eu (Bethany) făceam eforturi să par stăpână pe mine. Stăteam pe canapea și așteptam. *A zis că sună la șapte. Relaxează-te.* Am încercat să mă liniștesc. Dar n-am putut. Pentru mine era important. Abia așteptam. Ca femeie singură, la 25 de ani, un telefon de la un pretendent serios era palpitant. Peste măsură! Putea fi foarte bine… alesul la care visasem toată viața. Prințul meu. Bărbatul meu.

„Țâr! Țâr! Țâr!"

Sunetul telefonului mi-a curmat gândurile. Am sărit de pe canapea și m-am grăbit să iau telefonul. Venise momentul. Suna Landon.

Discuția a început încet. Am vorbit despre ce am mai făcut și ce s-a mai întâmplat în viețile noastre. Ne-am simțit foarte bine discutând la telefon. Abia așteptam să îl cunosc și mai bine. Ne cunoșteam de câteva luni și ne înțelegeam foarte bine. Dar nu locuiam în același oraș, ceea ce complica relația. Dacă ai avut vreodată o relație de curtare la distanță, știi cât e de greu. Multe telefoane, apeluri video, e-mailuri și chiar scrisori. Din fericire, atât eu, cât și Landon eram hotărâți să ne cunoaștem mai bine. Dacă numai prin telefon se putea, eram dispuși. Amândoi voiam ca relația să meargă. Sau, cel puțin, așa am crezut eu.

Eu și Landon am continuat conversațiile telefonice. Zilele au devenit săptămâni, iar săptămânile, luni. Dar, pe măsură ce timpul trecea, inima mea a început să fie neliniștită. Deși noi doi vorbeam des, ceva nu era în regulă. Aveam discuții lungi, și cam atât. Nu erau profunde. Vorbeam, dar nu ne apropiam. Nu aveam, de fapt, ocazia să ne cunoaștem mai bine. Da, știam detalii unul despre celălalt, dar nu exista o legătură între sufletele noastre. În loc să mă bucure apelurile lui Landon, a început să-mi fie groază de ele. Nu voiam să mai stau încă trei ore la telefon ca să vorbim despre nimic.

> *Inima mea tânjea după ceva mai profund.*

Nu a mai durat mult și relația s-a încheiat. Ca să fiu sinceră, am simțit o ușurare când s-a întâmplat acest lucru. Îmi doream mai mult decât ceea ce îmi oferea relația cu Landon. Inima mea tânjea după ceva mai profund. După ceva mai însemnat. Ceva mai intim. Dacă era în planul lui Dumnezeu să mă căsătoresc pe viitor, voiam să îi cunosc inima soțului meu, iar el să o cunoască pe a mea. Nu voiam o relație superficială.

Dumnezeu vrea să te cunoască

Trăim într-o vreme în care relațiile superficiale sunt la mare căutare. Curtările, căsătoriile, prieteniile și chiar relațiile de familie rămân deseori de suprafață. Deși multe dintre noi tânjim să cunoaștem și să fim cunoscute la un nivel profund, s-ar putea să fie foarte greu să obținem acel nivel de intimitate. Ne-am dori să aprofundăm lucrurile, dar ne e teamă sau nu prea știm cum să facem acest lucru. Din păcate, multe femei (necăsătorite sau căsătorite) își petrec viața simțindu-se dureros de singure.

Inimile lor tânjesc după dragoste și prietenie adevărată, dar nu știu ce să facă sau cum să obțină aceste lucruri.

În ultimii ani, noi două am descoperit semnificația și importanța acestor aspirații. Dorința de a experimenta intimitatea adevărată nu e întâmplătoare. Nu e ceva ce noi, femeile, ar trebui să înăbușim sau să ne străduim să satisfacem prin metode pământești. Dorința de a fi cunoscute cu adevărat și iubite pe deplin sunt esența ființei noastre așa cum ne-a creat-o Dumnezeu. Fiind Tatăl nostru, Dumnezeu tânjește să ne cunoască profund pe fiecare dintre noi. El vrea să aibă o relație profundă și însemnată cu fiecare dintre noi.

De fapt, Dumnezeu folosește un cuvânt ebraic specific în Biblie pentru a ne ajuta să înțelegem dragostea Lui intimă pentru noi. Acest cuvânt este *yada.*

În ebraică, termenul *yada* înseamnă literalmente a cunoaște profund și intim.

„Cuvântul *yada* apare în Vechiul Testament de peste 940 de ori... Cuvântul *yada* este folosit deseori pentru a descrie intimitatea cu Dumnezeu: a Lui cu noi și a noastră cu El."[1] Dumnezeu folosește intenționat cuvântul *yada* pentru a ne ajuta să vedem că nu vrea o relație obișnuită sau superficială cu noi. Nu pentru asta ne-a creat. El vrea să ne cunoască (*yada*), iar noi să Îl cunoaștem (*yada*) pe El. Ne-a creat să Îl cunoaștem și să avem o relație profundă și împlinitoare cu El.

El vrea să aibă o relație profundă și însemnată cu fiecare dintre noi.

Pe măsură ce noi două am studiat câteva din cele 940 de utilizări ale lui *yada* în Vechiul Testament, am descoperit că știam multe dintre aceste versete. Deși citisem multe dintre aceste pasaje de multe ori în viața noastră, nu le înțelesesem pe deplin sensul. Numai când am aflat ce înseamnă cuvântul ebraic *yada* am înțeles mai bine profunzimea dragostei lui Dumnezeu pentru noi.

Citește în ce context este folosit *yada* în aceste versete:

„Doamne, Tu mă cercetezi de aproape şi mă cunoşti (*yada*)...
Tu mi-ai întocmit rărunchii,
Tu m-ai ţesut în pântecele mamei mele:
Te laud că sunt o făptură aşa de minunată.
Minunate sunt lucrările tale,
Şi ce bine vede (*yada*) sufletul meu lucrul acesta."(Ps. 139:1, 13, 14)

„Cei ce cunosc (*yada*) numele Tău
Se încred în Tine,
Căci Tu nu părăseşti pe cei ce Te caută, Doamne!" (Ps. 9:10)

„Să ştiţi (*yada*) că Domnul este Dumnezeu!
El ne-a făcut, ai Lui suntem:
Noi suntem poporul Lui şi turma păşunii Lui." (Ps. 100:3)

Sentimentele lui Dumnezeu pentru noi sunt clare în aceste pasaje. Nu ne cunoaște la modul general. El ne cunoaște profund și intim. El ne-a întocmit rărunchii și ne-a țesut în pântecele mamelor noastre. Ne cunoaște pentru că e Creatorul nostru. Noi suntem poporul Lui și turma pășunii Lui. El ține foarte mult la noi. El cunoaște (*yada*) inimile noastre, sufletele și adâncul ființelor noastre. El vrea ca sufletele noastre să Îl cunoască (*yada*) pe El, Dumnezeul minunat care ne-a creat făpturi minunate. El Își dorește să aibă o legătură profundă cu noi.

Dacă dai timpul înapoi și te uiți la primele ființe umane create, vei vedea că intenția lui Dumnezeu a fost să *yada* omenirea tot timpul. Adam și Eva au fost creați să umble și să vorbească cu Dumnezeu în persoană. Fără bariere. Fără probleme. În pace perfectă cu Dumnezeu. Dumnezeu vrea același lucru de la noi azi. El vrea o relație. El vrea intimitate. El vrea apropiere. El vrea *yada*. La urma urmei, El L-a trimis pe Isus să ne deschidă calea înspre această experiență cu El. În articolul cu titlul „Cum să ai intimitate cu Dumnezeu", Jon Bloom de la Desiring God scrie: „Dumnezeu vrea intimitate cu tine. Cristos a făcut tot ce-a fost mai greu pe cruce pentru a face posibil acest lucru. Tot ce ne cere El este să credem în El (Ioan 14:1). El vrea să ai încredere în El din toată inima (Proverbe 3:5)... Acum nu-ți rămâne decât să-L crezi pe Dumnezeu când îți spune că vrea să te apropii de El."[2]

Este important pentru noi, femeile, să înțelegem că suntem create pentru o intimitate profundă cu Dumnezeu. El vrea să avem încredere în El (vezi Prov. 3:5–6). El vrea ca noi să Îl căutăm din toată inima (vezi Ps. 27:4). El vrea să însetăm după El, ca și când am tânji după apă (vezi Ps. 63:1). El vrea să știm (*yada*) că în prezența Lui este bucurie din plin (vezi Ps. 16:11).

Dacă nu înțelegem cum suntem menite să ne raportăm la Dumnezeu în primul și în primul rând, toate relațiile noastre, sexuale și non-sexuale vor avea de suferit. Nu vom avea niciodată intimitate adevărată cu alții (așa cum a intenționat Dumnezeu), dacă nu înțelegem cum să Îl cunoaștem *(yada)* și să avem intimitate adevărată cu Dumnezeu.

Sex și *yada*

Ziua avusese un farmec aparte. Rochia mea albă de nuntă flutura în vânt în timp ce eu (Kristen) alergam la mașina mirilor. După ce proaspătul meu soț s-a așezat la volan, ne-am făcut nevăzuți. Pentru prima dată în ziua aceea, eram singuri. În timp ce mergeam cu mașina spre apartamentul nupțial, ne țineam de mâini, așteptând cu nerăbdare noaptea care urma. Niciunul nu mai făcuse sex niciodată, prin urmare avea să fie un capitol nou-nouț pentru amândoi. După ce am parcat în garaj, am luat gențile și am intrat. Când am ajuns în lift, inima a început să îmi bată mai tare. Nu aveam emoții... sau *aveam?* Nu îmi dădeam seama. După ce am intrat în apartament, ne-am uitat unul la altul. Apoi Zack m-a cuprins în brațele lui mari și mi-a șoptit: „Te iubesc!"

Noaptea a fost plină de romantism și pasiune. A fost spectaculoasă. De atunci și până acum, eu și Zack ne-am bucurat mult de relația noastră sexuală. Este un dar minunat și incredibil de la Dumnezeu. Ne apropie. Netezește calea intimității și dragostei. Ne unește în cel mai profund mod posibil. Sexul este cel mai personal și vulnerabil act pe care oricare dintre noi l-a experimentat cu o altă ființă umană. Și exact asta a vrut și Dumnezeu să fie.

Dumnezeu a creat sexul pentru a fi o experiență îmbucurătoare în mediul dragostei adevărate, al sincerității, devotamentului, încrederii și al legământului de dragoste pe viață. Sexul a fost făcut pentru o relație. De aceea a creat Dumnezeu legământul de căsătorie și a stabilit ca relațiile sexuale să fie experimentate în cadrul lui. El a creat sexul pentru a apropia un soț și o soție în cel mai profund mod posibil. Sexul a fost creat pentru ca soția să îl *yada* pe soțul ei și pentru ca soțul să o *yada* pe soția lui.

Sexul a fost făcut pentru o relație.

Dumnezeu a folosit cuvântul *yada* pentru a descrie nu numai dragostea Sa profundă pentru noi, ci și pentru descrie ceva neașteptat. Pentru a ne ajuta să înțelegem contextul și scopul adecvat pentru sex, Dumnezeu a folosit acest termen cu intenția de a descrie *intimitatea sexuală.* Acest lucru e de-a dreptul uimitor. *Yada* schimbă totul. Cunoașterea profundă pe care Dumnezeu o are pentru copiii Lui este același tip de cunoaștere adâncă pe care Dumnezeu dorește să o experimenteze soțul și soția în relația dintre ei, în cadrul căsătoriei. Sexul ar trebui să fie exprimarea unei cunoașteri și dragoste profunde pe care le împărtășesc un soț și o soție. Așa cum spune Greg Smalley: „Ideea lui Dumnezeu de *yada* în căsătorie este să îți cunoști soțul în totalitate, și să fii cunoscută în profunzime de soțul tău și ca amândoi să vă bucurați unul de sexualitatea celuilalt."[3]

Iată câteva versete în care *yada* este folosit în contextul intimității sexuale:

> „Adam s-a împreunat [*yada*] cu nevastă-sa Eva; ea a rămas însărcinată și a născut pe Cain. Și a zis: «Am căpătat un om cu ajutorul Domnului!»" (Gen. 4:1)

> „Cain s-a împreunat [*yada*] cu nevastă-sa; ea a rămas însărcinată și a născut pe Enoh." (Gen. 4:17)

> „Fata era foarte frumoasă, era fecioară și niciun bărbat n-avusese legături [*yada*] cu ea. Ea s-a pogorât la izvor, și-a umplut vadra și s-a suit iarăși." (Gen. 24:16)

Înțelegerea sexului în contextul *yada* schimbă totul. Acesta prezintă adevărul despre cum Dumnezeu a creat sexul pentru a fi dorit și plăcut. Fiindcă Dumnezeu a folosit același cuvânt ebraic pentru dragostea lui Dumnezeu și pentru intimitatea sexuală, putem învăța lucruri importante despre amândouă. Dragostea devotată și profundă a lui Dumnezeu ne învață despre sex, iar sexul pasional din cadrul căsătoriei ne învață despre Dumnezeu. Amândouă ne arată că Dumnezeu prețuiește mult relația și că ne-a creat și pe noi la fel. Am fost creați pentru *yada*. Am fost creați să fim cunoscuți profund de Creatorul nostru. Am fost creați ca ființe sexuale, să fim profund cunoscuți în cadrul legământului de căsătorie.

Sexul este un dar magnific al lui Dumnezeu. Dacă ne disciplinăm să îl vedem prin lentilele *yada*, ne va învăța multe. Vom învăța să îl prețuim corespunzător și să ne bucurăm de el în contextul cel mai bun. Ne vom clădi căsătoriile pe temelia sincerității, vulnerabilității și a dragostei adevărate, intime.

Nu poți trăi fără ...

Putem trăi fără relații sexuale, dar nu putem trăi fără intimitate adevărată. Am fost făcuți pentru *yada.* Am fost făcuți pentru intimitate profundă cu Isus. Atunci când inimile noastre sunt hrănite de relația apropiată pe care o avem cu Isus, avem tot ce ne trebuie pentru o viață împlinitoare. Când *yada* cu Isus devine o parte esențială a existenței noastre, noi ne vedem sexualitatea prin lentile diferite. Începem să ne dăm seama că sexualitatea noastră ne învață să înțelegem mai bine profunzimea dragostei lui Cristos. Putem vedea că sexul în cadrul căsătoriei nu e numai ca să fie. Înseamnă să cunoști profund persoana cu care ai o relație sexuală, intimă.

În loc să aștepți de la o biată persoană să îți satisfacă năzuințele inimii, alege să clădești o relație apropiată, profundă cu Mântuitorul tău. Alege să Îl cauți din toată inima. Ai fost făcută pentru intimitate. Ai fost făcută pentru *yada.*

Yada pentru femeile necăsătorite (de la BETHANY)

În timp ce scriu aceste cuvinte, sunt necăsătorită, n-am făcut niciodată sex și nu am nicio experiență concretă în acest domeniu. Așadar, ce legătură este între *yada* și femeile necăsătorite? Cum putem beneficia de pe urma unei discuții despre intimitate? Când am aflat prima oară despre *yada,* am fost de-a dreptul copleșită. Îmi place că Dumnezeu folosește același cuvânt pentru a descrie atât relația Lui cu noi, cât și intimitatea sexuală. Asta înseamnă că femeile necăsătorite nu trebuie să aștepte căsătoria ca să se bucure de *yada.* Putem experimenta cunoașterea profundă a lui Dumnezeu chiar acum. El ne-a creat pentru a fi profund cunoscute și pentru a-L cunoaște profund pe El. El vrea o relație intimă cu noi. Atunci când facem un pas în spate și ne uităm la imaginea de ansamblu, ne dăm seama rapid că sexul este doar metafora care ne arată nevoia noastră profundă de intimitate cu Isus. Cel mai satisfăcător lucru pe care îl putem căuta nu este o experiență sexuală uimitoare, ci o relație autentică cu Mântuitorul nostru. Data viitoare când vei simți o pornire sexuală sau te vei întreba dacă vei avea vreodată intimitate sexuală, încearcă să ții minte că cel mai mult ai nevoie de o relație cu Isus. Canalizează-ți energia pe care o investești în tânjirea după o relație sexuală înspre cunoașterea profundă a lui Cristos și găsirea împlinirii adevărate în El.

Yada pentru femeile căsătorite (de la Kristen)

Așa cum am mai spus, am experimentat sexul pentru prima dată în noaptea nunții, cu proaspătul meu soț, Zack. Eram tineri și îndrăgostiți până peste cap. Ne-am bucurat de darul bun al intimității sexuale dat de Dumnezeu, cu uimire și încântare. Cu toate acestea, pe măsură ce au trecut lunile și anii, am început să observ un anume tipar. Relația noastră sexuală e la fel de bună ca relația noastră emoțională. Dacă eu și Zack nu aveam o relație apropiată unul cu altul, viața noastră sexuală nu era foarte bună. Atunci am realizat cât de importantă era *yada* în căsătorie.

Scopul lui Dumnezeu pentru *yada* în căsătorie este acela de a atrage cuplurile în intimitate fizică și emoțională. Este o ofertă la pachet. Conform cu ce spune Greg Smalley: „Cel mai bun sex în căsătorie apare atunci când partenerul/a își dezvăluie lumea interioară și, în schimb, se simte pe deplin acceptat/ă de partenera/ul lui/ei. Acest nivel de vulnerabilitate și acceptare îi ajută pe un soț și o soție să experimenteze cea mai profundă și adâncă intimitate în căsătoria lor."[4] În căsnicia mea e perfect valabil. Atunci când eu și Zack căutăm o apropiere profundă emoțională și relațională unul cu celălalt, întotdeauna duce la o relație sexuală profundă. Cu cât suntem mai vulnerabili, deschiși și iubitori unul cu celălalt, cu atât mai dornici suntem să ne apropiem sexual.

Căsătoriile propășesc atunci când în miezul lor este *yada*. Atunci când un soț și o soție se cunosc profund, sexul devine exprimarea naturală și frumoasă a intimității pe care ei deja o au unul cu celălalt.

8. PURITATE IMPERFECTĂ

Era o seară perfectă de septembrie. Eu (Kristen) tocmai terminasem un meci de volei pe plajă împreună cu un grup de prieteni și mă duceam să iau cina. Fiind o iubitoare înrăită de sport, oameni și mâncare bună, era pentru mine modul ideal de a petrece o seară de vineri. Deși cina a fost delicioasă, iar prietenii au fost compania perfectă, cineva anume mi-a intrat la inimă în seara respectivă. Înalt și bronzat, Zachary Michael Clark stătea exact lângă mine… iar eu eram îndrăgostită lulea de el. Prietenii mă tachinau constant. Sincer, nu mă deranja, gândind că și Zack mă plăcea. Nu îmi mărturisise sentimentele și nici nu își exprimase interesul pentru mine, dar eram sigură că era doar o chestiune de timp.

La finalul cinei, când a plecat și ultima mașină, discuția pe care tânjisem să o am cu bărbatul visurilor mele a avut, în sfârșit, loc. N-avem habar că acele câteva momente de discuție cu Zack aveau să ne deschidă calea spre o relație care a culminat cu nunta noastră.

E interesant să mă gândesc la momentele de început ale relației noastre, când am avut ocazia să îl cunosc pe Zack. Oricât de minunate au fost relația noastră de curtare și logodnă, n-a fost totul pe roze. N-a fost lipsită de chinurile creșterii. N-au lipsit discuțiile lungi și fluctuațiile. Multe dintre acele discuții s-au învârtit în jurul purității.

În perioada de curtare, eu și Zack ne-am dorit din toată inima să Îl onorăm pe Dumnezeu. Amândoi ne-am dorit puritate în relația noastră. Cu toate acestea, motivele pentru care ne doream puritatea nu au fost întotdeauna dintre cele mai bune. În loc să ne dorim puritatea dintr-o inimă care își dorea să Îl onoreze pe Dumnezeu, ne preocupa de multe ori mai mult să „respectăm regulile". Pe măsură ce relația noastră a devenit mai puternică, ne-am dat seama cât de greșite erau motivațiile noastre. Ne-am dat seama pas cu pas că adevărata puritate nu are legătură cu regulile. Nu are legătură cu părerea bună pe care o au alții despre tine. Nu are legătură cu mândria că ne abțineam. Ne-am dat seama că era bine să căutăm puritatea biblică din dorința de a-L onora pe Dumnezeu în toate aspectele vieții noastre: atât în fapte, cât și în gânduri și în alegeri. Puritatea biblică înseamnă cu mult mai mult decât respectarea unei liste de reguli.

Puritatea biblică înseamnă cu mult mai mult decât respectarea unei liste de reguli.

Perspective greșite despre puritate

Probabil ai auzit cuvintele *puritate* sau *puritate sexuală* la un moment dat în viața ta. Poate de la pastorul, părinții, iubitul tău sau o carte pe care ai citit-o. În funcție de educația pe care am avut-o fiecare, puritatea sexuală poate însemna ceva diferit pentru fiecare dintre noi. Dacă ai crescut într-o casă unde s-a vorbit rar despre sexualitate, iar părinții tăi ți-au pus în vedere doar să nu ai relații sexuale înainte de căsătorie, s-ar putea să ai o părere negativă despre puritate. Dacă ai fost învățată că puritatea este cel mai important lucru în viața unei femei, s-ar putea să îl consideri lucrul cel mai nobil la care o femeie ar trebui să țină. Dacă ai fost învățată că „dragostea adevărată așteaptă", dar apoi ai făcut sex înainte de căsătorie, s-ar putea să îți fie rușine ori de câte ori auzi cuvântul. Poate că nu ai fost învățată nimic despre puritatea sexuală, așadar este un concept cu totul nou pentru tine.

Indiferent de educația sau perspectiva pe care o ai cu privire la puritate, hai să facem un pas în spate și să reanalizăm termenul. Atunci când noi, femeile imperfecte, îmbrățișăm o perspectivă despre puritate care nu se regăsește în Cuvântul lui Dumnezeu, ne poate dăuna grav.

Haideți să vedem cele mai cunoscute, dar și false perspective despre puritate din zilele noastre.

Perspectiva greșită nr. 1: Sexul este un lucru rău și înspăimântător

Să nu vorbești despre sex, să nu te gândești la sex și să nu îndrăznești să faci sex. Această perspectivă despre puritate consideră sexul absolut inacceptabil. Este un subiect interzis, la care nu trebuie nici măcar să te gândești până la căsătorie. Dar atunci când te vei căsători, va trebui să îți schimbi radical perspectiva și să deschizi acest cadou frumos în noaptea nunții. Nu e de mirare că această perspectivă bagă sperieți în multe femei. Dintr-odată, din ceva înspăimântător și rău, sexul devine ceva frumos și bun. E greu pentru orice femeie să își schimbe atât de radical perspectiva.

Această perspectivă despre puritate contravine total principiilor lui Dumnezeu și nu are niciun fundament biblic. Sexul nu ar trebui pus niciodată într-o lumină proastă sau înfricoșătoare. Dacă ai această perspectivă despre puritate, atunci alegerea ta de a te abține de la sex va fi, cel mai probabil, alimentată de frică. Vei rămâne cu întrebări precum: „Dacă sexul este un lucru atât de rău și înspăimântător, de ce m-a creat Dumnezeu cu pofte? De ce mi-a dat Dumnezeu dorințe, dacă sunt atât de greșite?"

Sexul nu ar trebui pus niciodată într-o lumină proastă sau înfricoșătoare.

În loc să îmbrățișăm această perspectivă greșită, cel mai benefic este să o respingem. Nu e nici biblică, nici de folos.

Perspectiva greșită nr. 2: Valoarea ta constă în nivelul tău de puritate

Imaginează-ți o viață în care întotdeauna te-ai străduit să Îi câștigi dragostea lui Dumnezeu. Atunci când ai făcut fapte bune și ai dat bine, El te-a iubit. Atunci când ai făcut fapte rele și ai dat rău, El nu te-a iubit. Cât de îngrozitoare ar fi o astfel de dragoste! Dacă tu, ca femeie, trebuie să îți câștigi valoarea prin realizări sau fapte bune, atunci nu arată a dragoste adevărată. Este o relație condiționată. Apostolul Pavel scrie: „Dar Dumnezeu Își arată dragostea față de noi prin faptul că, pe când eram noi încă păcătoși, Hristos a murit pentru noi" (Rom. 5:8).

Din păcate, multe vedem puritatea sexuală prin lentile similare. Comparăm valoarea pe care o avem în ochii lui Dumnezeu cu nivelul nostru de „puritate". În loc să facem alegeri înțelepte din dorința de a-L iubi și a-L onora pe Dumnezeu, facem alegeri dintr-o mentalitate bazată pe fapte bune. Credem că trebuie să ne câștigăm valoarea și credibilitatea în ochii lui Dumnezeu.

Ce mesaj teribil, contrar Evangheliei!

Dumnezeu nu are un sistem de clasificare. El nu împarte oamenii în anumite categorii în funcție de cine a trăit o viață „pură" și cine nu. Dacă noi, ca femei, avem capacitatea de a ne adăuga sau a șterge din valoarea noastră, Evanghelia nu are sens. Moartea lui Isus pe cruce ar fi fost în zadar. Trebuie să nu uităm că fiecare este incredibil de imperfectă și are nevoie stringentă de Cristos și perfecțiunea Lui. În ochii lui Dumnezeu, toate suntem impure (vezi Is. 64:6). Toate avem nevoie ca harul Său salvator și neprihănirea Sa perfectă să ne facă pure. În loc să ne zbatem să ne câștigăm valoarea prin puritatea noastră, hai să acceptăm valoarea pe care Cristos deja ne-a dat-o. Nu trebuie să o câștigăm. Ne-o oferă gratuit.

Perspectiva nr. 3: Puritatea este numai pentru oamenii necăsătoriți

„Abia aștept să mă căsătoresc. Nu va mai trebui să îmi fac griji pentru puritate. Toate dorințele mele sexuale vor fi satisfăcute, iar eu nu va mai trebui să mă lupt cu poftele mele de până acum sau cu dorințele neîmplinite." Sunt gândurile multor femei necăsătorite. Ele cred că puritatea trebuie îmbrățișată doar înainte de căsătorie.

E cât se poate de departe de adevăr.

Dacă noi, femeile, vedem puritatea prin lentilele: „Exclusiv pentru persoanele necăsătorite", vom presupune că în căsătorie toate problemele noastre sexuale se vor rezolva. Vom presupune că sexul ne va repara. Vom conta pe căsătorie să ne vindece dependențele, ispitele și să ne facă viața mult mai ușoară. Acest lucru nu poate fi mai departe de adevăr. Sexul nu ne va rezolva problemele.

> *Sexul nu ne va rezolva problemele.*

Căsătoria nu ne va înlătura dependențele. De aceea, puritatea nu este numai pentru femeile necăsătorite. Este pentru toate femeile. E important să nu uităm că ispita sexuală este o realitate pentru oricine, în orice moment din viață. Are diverse forme și mărimi, dar e ceva cu care ne vom confrunta mereu. Dacă nu învățăm să vedem puritatea ca pe ceva care merită urmărit înainte și după căsătorie, vom avea surprize majore. Gândește-te numai câte căsătorii suferă de dependența de pornografie, adulter, poftă sau alte păcate sexuale. Oamenii căsătoriți au nevoie de ajutorul lui Dumnezeu la fel de mult precum cei necăsătoriți, pentru a avea o inimă pură.

Acum că am explorat trei dintre perspectivele greșite despre puritate, hai să vedem ce ne învață Cuvântul lui Dumnezeu de fapt.

Perspectiva biblică: urmărirea purității dintr-o inimă care dorește să Îl onoreze pe Dumnezeu

Gândește-te la o femeie care înțelege că este imperfectă, dar se străduiește să Îl onoreze pe Dumnezeu cu inima, mintea și sufletul ei. Acțiunile ei în privat și în public curg dintr-o inimă care se încrede total în Cristos. Ea se bazează pe Cristos să o ajute să lupte cu ispitele sexuale și acceptă iertarea lui Dumnezeu atunci când se împiedică și cade. Înțelege că e imperfectă. Înțelege că are nevoie de puterea lui Dumnezeu ca să o ajute să câștige lupta. Înțelege că puritatea înseamnă mult mai mult decât să își câștige valoarea sau să dea bine în fața altora. Înțelege că viața ei înseamnă că trăiește pentru Cristos și că alege să devină sfântă așa cum Dumnezeu e sfânt. Ea este o femeie care înțelege definiția biblică a purității.

Dacă noi, femeile, vrem să îmbrățișăm puritatea așa cum a gândit-o Dumnezeu, trebuie, în primul rând, să recunoaștem că suntem imperfecte. În adâncul ființelor noastre, suntem complet impure și incapabile să schimbăm acest lucru. Iată ce are de spus dr. Juli Slattery despre puritatea sexuală:

> Adevărul este că niciuna nu suntem 100% pure sexual – toate am ratat „planul A" al perfecțiunii lui Dumnezeu. Puritatea noastră conformă cu Scriptura este hotărâtă de sângele lui Isus Cristos, nu de alegerile noastre sexuale. Nu doar unele femei au nevoie de Isus mai mult decât altele. Așa cum spune Biblia, toate am păcătuit și suntem „murdare" înaintea lui Dumnezeu. Numai moartea ispășitoare,

pe cruce, a lui Isus ne prezintă în mod supranatural ca fiind Mireasa pură și fără pată.[1]

De aici începem. Trebuie să ne recunoaștem nevoia de Isus. Trebuie să acceptăm neprihănirea Lui perfectă în locul vieților noastre imperfecte.

Odată ce ai acceptat că ești imperfectă și că ai nevoie de perfecțiunea lui Cristos, atenția ta se va schimba cu totul. În loc să te străduiești să te ridici la un standard imposibil de perfecțiune, îți vei recunoaște nevoia de Isus. Viața ta înseamnă să primești harul Lui și să umbli în acea identitate nouă. Nu mai ești doar o femeie imperfectă. Ești o femeie imperfectă, care are un Mântuitor perfect. El te echipează pentru luptă. El îți oferă iertarea, iar și iar. El îți dă identitatea de fiică a lui Dumnezeu (vezi Ioan 1:12). Ținta vieții tale este să te închini lui Dumnezeu mai presus de orice. 1 Petru 1:15–16 spune: „Ci, după cum Cel ce v-a chemat este sfânt, fiți și voi sfinți în toată purtarea voastră. Căci este scris: «Fiți sfinți, căci Eu sunt sfânt».”

> *Ești o femeie imperfectă, care are un Mântuitor perfect.*

Puritatea sexuală nu înseamnă numai să spui nu înainte de căsătorie; înseamnă să iei captiv orice gând și să trăiești într-un mod care reflectă sfințenia perfectă a Tatălui tău. Înseamnă să îți accepți identitatea de fiică a lui Dumnezeu și să te străduiești în fiecare zi să semeni mai mult cu El. Aceasta este puritatea adevărată. Aceasta este identitatea la care te-a chemat Dumnezeu.

O fiică a lui Dumnezeu

Indiferent de perspectiva cu care ai crescut, sperăm că poți vedea că adevărata puritate nu înseamnă să atingi o stare de perfecțiune. Scopul purității este acela de a-ți preda inima, viața și sexualitatea lui Dumnezeu, în fiecare zi, pentru a trăi pentru scopurile Lui cerești. Înseamnă să îți folosești trupul după identitatea de fiică a lui Dumnezeu. Prin harul lui Dumnezeu, El ți-a dat puterea de a îmbrățișa o inimă pură și sfântă pentru gloria Lui.

Partea a III-a

Ce trebuie să știe orice fată

9. LUPTA CU ISPITA

Când eu (Kristen) eram adolescentă, am simțit că întreaga lume vorbea despre un film anume, care fusese lansat recent. Îmi plăcea să mă uit la filme ca oricărei fete și căutam distracția cu orice preț. În plus, în acest film juca unul dintre cei mai sexy actori de la Hollywood, prin urmare eram sigură că e un film bun. După ce am văzut online prezentarea filmului, încântarea mea s-a izbit puternic de o senzație neplăcută. Știam că părinții mei nu ar fi de acord să văd acel film din cauză că era înțesat de seducție și senzualitate. În adâncul inimii, știam că nu era o „alegere" bună... dar tot voiam să îl văd.

Au trecut câteva săptămâni în care am continuat să citesc și să aud mai multe despre acel film. În acel moment, simțeam că eram singura persoană din lume care nu îl văzuse.

În loc să merg înainte și să uit de film pur și simplu, am continuat să mă gândesc la el zilnic. „Ce n-aș da să-l pot vedea?! Uf, de ce-or fi părinții mei de modă veche?" Apoi, mi-a venit o idee. Aveam un plan genial. Poate că părinții nu trebuiau să știe că voiam să văd acest film. Poate că nu trebuia să le spun nimic despre el. Când gândul acesta a prins contur în mintea mea, am zâmbit. Odată ce filmul avea să fie lansat în magazine, aveam să îl cumpăr și să îl văd în camera mea în secret (asta era înainte să se difuzeze filmele online). Nimeni nu va afla niciodată. Planul meu era perfect.

Când filmul a ajuns pe rafturile magazinelor, m-am înființat și eu în magazin. L-am cumpărat și l-am vârât în geantă. Târziu în seara aceea, după ce toată lumea s-a culcat, m-am uitat la film. Momentul mult așteptat venise.

M-am trezit a doua zi dimineața cu sentimente contradictorii. Deși făcusem așa cum crezusem eu de cuviință, nu mă simțeam bine. Mă simțeam vinovată. Știam că ce văzusem în intimitatea camerei mele nu era bine. Nu era curat. Nu Îl onora pe Dumnezeu. În loc să mă bucur de alegerea mea, mi-era rușine. Mă mustra conștiința pentru ce făcusem.

Pe parcursul acelei zile, un gând nu îmi dădea pace. „Ar trebui să spun sincer ce am făcut." Am urmărit pe la spatele părinților mei ceva cu care ei nu erau de acord. Nu numai că îi înșelasem pe ei, păcătuisem împotriva lui Dumnezeu în acest proces.

Deși ascultarea de ispită a avut un gust dulce pe moment, n-a meritat pe termen lung.

Ce este ispita?

Ispita e ceva de care fiecare ne izbim în fiecare zi. Face parte din viața trăită într-o lume căzută, în prezența unui dușman și în urma nașterii în păcat. De vreme ce ispita este atât de prezentă în viețile noastre, este esențial să avem o înțelegere biblică despre ce înseamnă ea concret și cum funcționează. Conform pastorului Steven J. Cole: „Înțelegând cum funcționează ispita, putem întocmi o strategie de a o birui. Dacă ești la curent cu strategia lui Satan înseamnă că ești pregătită cu arsenalul potrivit. Tiparul pe care l-a folosit când a ispitit-o pe Eva e același pe care îl folosește și azi. Studiind și învățând să recunoaștem acest tipar, nu vom fi în necunoștință de cauză în ce privește uneltirile lui (2 Cor. 2:11), putându-le astfel ține piept."[1]

De aceea ar trebui să ne străduim să înțelegem ispita: dacă îi înțelegem strategia, ne putem pregăti să îi facem față. Atunci când ne facem timp să vedem cum funcționează ispita, vom fi mai pregătite pentru luptă. Nouă ne place cum descrie ispita teologul puritan John Owen. Deși a scris aceste cuvinte acum peste trei sute de ani, ele sunt relevante și azi pentru noi: „O ispită este în general orice care, din orice motiv, exercită o forță sau o influență de a seduce și de a îndepărta mintea și inima unui om de ascultarea pe care Dumnezeu o așteaptă de la el și de a-l atrage spre păcat."[2] Așa arată ispita și pentru noi azi. Ispita ne îndepărtează inimile și mințile de la glorificarea lui Dumnezeu și ni le îndreaptă spre satisfacerea dorințelor noastre păcătoase. Ne încurajează să punem sub semnul întrebării autoritatea lui Dumnezeu și să luăm în calcul posibilitatea unei căi mai bune. Ispita promite că dacă „luăm o mușcătură", vom găsi ce căutăm.

Dacă ești la curent cu strategia lui Satan înseamnă că ești pregătită cu arsenalul potrivit.

Înainte să vorbim despre cum funcționează ispita, hai mai întâi să ne uităm la șase adevăruri biblice despre ispită, pentru a o înțelege mai bine.

Șase adevăruri biblice despre ispită

1. Toți înfruntăm ispite pe acest pământ. Nimeni nu e este imun la ele (vezi 1 Cor. 10:13).
2. Cristos ne înțelege, fiindcă și El a fost ispitit cât timp a trăit pe pământ (vezi Evr. 4:15).

3. Ispita nu înseamnă păcat. Și Cristos a fost ispitit, dar nu a păcătuit (vezi Evr. 4:15).
4. Dumnezeu nu ne ispitește, dar îngăduie să fim ispitiți de dușmanul nostru și de inimile noastre păcătoase (vezi Iacov 1:13–14).
5. Avem un dușman real care caută să fure, să ucidă și să nimicească. Scopul său este să ne atragă spre păcat și să ne îndepărteze de Dumnezeu (vezi 1 Pet. 5:8) .Putem rezista ispitei. Cristos a trăit pe pământ, a fost ispitit și nu a păcătuit niciodată. Fiind creștini, avem capacitatea, prin puterea lui Cristos, să facem cum a făcut El. Avem victoria prin Cristos (vezi Mat. 4:1–11).

Cum funcționează ispita

Atunci când e vorba despre ispită, Biblia ne explică simplu și clar. Conform lui Iacov 1:13–15: „Nimeni, când este ispitit, să nu zică: «Sunt ispitit de Dumnezeu». Căci Dumnezeu nu poate fi ispitit ca să facă rău și El Însuși nu ispitește pe nimeni. Ci fiecare este ispitit când este atras de pofta lui însuși și momit. Apoi pofta, când a zămislit, dă naștere păcatului, și păcatul, odată făptuit, aduce moartea."

Din păcate, povestea Evei este un exemplu foarte clar al acestui verset în viața reală. Ea a făcut exact ceea ce spune versetul să nu facem. Ea a zăbovit de bunăvoie în prezența ispitei, a ascultat minciunile celui rău, a reflectat la cuvintele înșelătoare ale șarpelui și, ulterior, a ales să mănânce din fruct.

> *Ascultăm, reflectăm, luăm, credem minciunile celui rău și cedăm ispitei.*

Dar Eva nu este singura care a făcut acest lucru. În fiecare zi, milioane de femei (inclusiv noi două) facem exact ce a făcut Eva. Ascultăm, reflectăm, luăm, credem minciunile celui rău și cedăm ispitei. Luăm bucățica aceea de fruct suculent (pornografie, masturbare, erotism, adulter, sex înainte de căsătorie etc.), mușcăm din oferta sa de plăcere, înghițim și apoi simțim durerea și suferința acelui păcat. Îi simțim gustul amar în gură și ne dorim să îl putem scuipa. Dar nu mai putem.

Gândește-te la ce se întâmplă când ești ispitită să păcătuiești sexual. Poate că te lovește o ispită puternică să te uiți la pornografie. Sună satisfăcător pe moment, dar știi că rămâi mereu cu o poftă și mai mare în urma ei. Poate că stai întinsă în pat când, dintr-odată, ești copleșită de dorința de a te masturba. Pare atât de eliberator pe moment, dar satisfacția ei nu durează niciodată. Poate vezi un surfer trăsnet pe plajă și ești ispitită să ai fantezii în privința lui. Pofta după trupul lui îți face plăcere pe moment, dar îți lasă un gol în suflet după ce depășești momentul. Oricare ar fi ispita, fiecare începe cu un gând sau cu o dorință inițială. Poftești, te uiți și reflectezi. Ispita îți oferă o bucată de fruct suculentă, cu promisiuni ademenitoare de satisfacere, dar te lasă cu sufletul gol și distrus.

În loc să continuăm să înfruntăm ispita cu mâinile goale, trebuie să le încărcăm cu muniție. Trebuie să înțelegem cum funcționează ispita, ca să putem lupta cu arme biblice și mai eficient. Vom folosi Iacov 1 și povestea Evei pentru a explica cei trei pași ai ispitei. Pasajul acesta biblic îți arată clar cum funcționează ispita și te echipează să o reperezi din clipa în care își face apariția în viața ta.

Cei trei pași ai ispitei

Pasul 1: Asculți

Gândește-te ce i s-a întâmplat Evei în ziua în care a mâncat din fructul oprit (vezi Gen. 3:6). Ea a știut exact unde era acel copac în grădină. În loc să îl ocolească, s-a dus direct la el. A zăbovit în prezența lui și a ascultat vocea șarpelui (vezi v. 5). I-a permis lui

Satan să îi ațâțe flacăra dorinței după fructul interzis. Cu cât a ascultat mai mult, cu atât mai mult a crescut și dorința ei.

În acel moment de început al ispitei, Eva ar fi putut să plece. Ar fi putut să fugă din prezența lui Satan. Dar nu a fugit. În schimb, ea a stat și i-a permis lui Satan să o ademenească în planul lui malefic. Ea a ascultat de dorințele ei și le-a dat voie să îi răpească ceea ce a știut că este bine, fiindcă Dumnezeu îi spusese. Într-un fel, a făcut ce i-a spus inima.

Primul pas al ispitei este să asculți de dorințele tale. O dorință după mai mult. O dorință după ceva diferit. O dorință de satisfacere. O dorință după plăcere. Atunci când dorința își face apariția (fie în interior, în gânduri, fie în exterior, prin cineva sau ceva), avem de ales. Putem asculta de dorință și turna gaz pe foc sau îl putem stinge și fugi. Iacov scrie că „fiecare este ispitit când este atras de pofta lui însuși și momit" (1:14). Eva s-a lăsat ademenită și ispitită. A fost prima ei greșeală. Așa cum a spus Nancy Wolgemuth foarte bine: „Prima greșeală a Evei nu a fost să mănânce fructul; prima greșeală a fost să asculte de șarpe."[3]

Vizualizează primul pas al procesului în următorul scenariu: Cunoști un tip foarte drăguț la cofetărie și îți dai seama că aveți mai multe interese comune. Trec câteva săptămâni și faceți schimb de numere de telefon. Mai trec câteva săptămâni și începeți să vă scrieți cu regularitate. Într-o seară, el îți trimite un compliment și îți cere niște fotografii. Știi ce vrea. Vrea să îi trimiți niște fotografii-nud. Te holbezi la mesaj și recitești cuvintele lui aparent dulci, iar și iar. Te gândești că vrea să te vadă. Cu cât îți asculți mai mult gândurile, cu atât mai mult iei în calcul să îi trimiți fotografiile.

Atunci când ascultăm ispitele, facem primul pas greșit. Odată ce lăsăm dorința să zăbovească în mințile noastre, începem să ne gândim la ce auzim. În loc să retezăm mugurul momelii, îi dăm voie să ne ducă direct spre pasul doi din cei trei pași ai ispitirii.

Pasul 2: Reflectezi

Când te oprești și te gândești la cuvântul *reflectare,* îți vei da seama că exact asta a făcut Eva în grădină. După ce a văzut șarpele în copac, a intrat în discuție cu el. „El a zis femeii: «Oare a zis Dumnezeu cu adevărat: 'Să nu mâncați din toți pomii din grădină?'» Femeia *a răspuns* șarpelui..." (Gen. 3:1–2, s.a.). Te-ai prins? Eva i-a răspuns. A ascultat ce a spus el și *a reflectat* la cuvintele lui. Nu a fugit de el. A vorbit cu el. S-a lăsat ademenită de oferta lui.

Așa funcționează întotdeauna ispita. Începe încet. Ne pune pe gânduri. Ne pune să ne întrebăm. Ne pune să reconsiderăm ce a spus Dumnezeu. Ispita ne prezintă ceva ce trebuie să avem pentru a fi fericiți. Recurge la firea dinlăuntrul nostru. Cu cât reflectăm mai mult la ispită și ne gândim la cât de minunată ar putea fi, cu atât îi cedăm mai mult.

Gândește-te astfel: Ești în dormitor seara târziu și te lovește o dorință puternică să te uiți la pornografie. Zăbovești asupra gândului respectiv și iei telefonul. Te uiți la ecranul negru și începi să îți imaginezi cât de satisfăcător ar fi să te uiți doar un pic. În adâncul inimii, știi că pornografia este greșită și păcătoasă, dar dorința de a te uita este prea intensă. În loc să lași telefonul și să reziști ispitei, îți permiți să te uiți la telefon și să derulezi aplicațiile. Te gândești la dorință din ce în ce mai mult. Înainte să îți dai seama, au trecut câteva minute și ești deja băgată până la gât în păcat.

Reflectarea la ispită duce aproape întotdeauna la pasul trei al ispitirii.

Pasul 3: Accepți

Fructul arăta delicios. Eva îi simțea deja savoarea. Își dorea să guste din el. Asculta șarpele de atâta vreme, încât s-a lăsat înșelată de cuvintele lui șirete.

Pas cu pas Eva, până la urmă, l-a crezut pe Satan, nu pe Dumnezeu. După ce a zăbovit în prezența fructului, a mușcat.

A mâncat. După ce a gustat din fruct, i l-a dat soțului ei și a mâncat și el (vezi Gen. 3:6). Fapta a fost comisă. Au cedat ispitei. Au crezut minciuna. Pas cu pas, păcatul a fost zămislit. „Apoi pofta, când a zămislit, dă naștere păcatului, și păcatul, odată făptuit, aduce moartea" (Iacov 1:15).

Acceptarea ofertei este pasul final din cei trei ai procesului de ispitire.

Ce începe ca un gând, o privire scurtă, o dorință, până la urmă duce la acceptarea ispitei. În articolul său: „Cele patru etape ale ispitirii", Dan Armstrong spune:

> Acum, după ce ai dat picioare dorințelor tale, te apropii din ce în ce mai mult de momentul satisfacerii; și asta faci. Îți satisfaci dorința. Între zămislire și naștere poate fi o zi, câteva ore sau chiar minute, dar nașterea este încheierea naturală a zămislirii. Este pasul următor din ceea ce Iacov numește nașterea păcatului. Cedăm cu totul ispitei și începem să ne uităm la pornografie sau adoptăm un comportament sexual păcătos.[4]

Cele mai multe nu trecem de la simpla dorință la acceptarea fructului în același timp. De obicei, e un proces. La fel ca Eva, facem câte un pas pe rând. Ascultăm cu urechile, reflectăm în inimile noastre și facem alegerea care duce ulterior la păcat.

Efect: păcatul

Cedarea în fața ispitei întotdeauna are drept rezultat păcatul. Într-un fel, respingem Cuvântul lui Dumnezeu. În lumea Evei nu se auzise de păcat. Nimeni nu păcătuise vreodată împotriva lui Dumnezeu. Atunci când păcatul a intrat în lume pentru prima dată, și-a făcut apariția în peisaj și moartea. „Păcatul, odată făptuit, aduce moartea" (Iacov 1:15). Adam și Eva nu au mai putut trăi în trupuri perfecte. Până la urmă, au murit, iar acum întreaga omenire le calcă pe urme.

Dan Armstrong spune: „Acum știm că plata păcatului este moartea, în cele din urmă — aceasta este consecința morții despre care Dumnezeu ne-a avertizat cu mult înainte ca primii părinți să păcătuiască în Eden. Dar în Biblie, moartea nu este doar ultimul pas în viață. Este un cuvânt folosit pentru a descrie întregul proces al decăderii și nefericirii care rezultă din păcat."[5]

Gândește-te la ce se întâmplă după ce îți satisfaci pofta. Prinzi viață? Te satisface pe termen lung? Îți satisface dorința finală de a avea pace și bucurie? Poate, pentru o clipă, dar până la urmă nu satisface. Nu are cum. În schimb, face invers. Te lasă într-o stare și mai proastă decât înainte. Te simți zdrobită, deprimată, singură, vinovată și cu dorința de a nu fi cedat niciodată. E esențial să îți aduci aminte că ispita nu ne arată niciodată rezultatul final — păcatul și consecințele sale — atunci când își face apariția. Dacă ar face asta, nu am ceda niciodată. Am evita-o și am fugi. În schimb, ispita se îmbracă în haina ademenitoare a minciunii. E vicleană și plină de promisiuni pe care nu le poate onora. Odată ce înțelegem efectul cedării în fața ispitei, ar trebui să ne ajute să ne abținem mai mult. Ar trebui să ne ajute să ne gândim mai mult la ce va urma.

În loc să ne gândim la plăcerile de moment pe care ni le oferă, trebuie să fim atente și să ne gândim la toți cei trei pași ai procesului. Să nu uităm ce se întâmplă atunci când cedăm ispitei. Dacă suntem dornice să ne gândim la procesul întreg și să conștientizăm sincer rezultatul păcatului, ispita va deveni mai ușor de reperat și de evitat.

Ea a poftit, iar el a rezistat

Am vorbit multe despre Eva și rezultatele faptelor ei. Ea și-a dorit fructul și libertatea pe care a crezut că i-o va oferi. A făcut fiecare pas al ispitirii, care a dus-o la moarte: atât spirituală, cât și fizică. Viața ei și lumea ei au fost un eșec total după ce a cedat ispitei.

Mai este o persoană în Biblie care a fost la fel de ispitită. Dar această persoană a făcut cu totul invers față de Eva. În loc să reflecteze la dorință, acest bărbat a fugit de ea. Dacă ai auzit vreodată povestea lui Iosif din Vechiul Testament, probabil știi exact despre ce vorbim. El s-a confruntat cu o ispită foarte serioasă, dar nu i-a cedat (poți citi întreaga poveste în Geneza 39).

După o succesiune de evenimente, Iosif a ajuns sclav în Egipt. Era un sclav înstărit, fiindcă lucra pentru Potifar, căpitanul gărzii palatului. Într-o după-amiază, soția lui Potifar (o femeie cu putere mare și influență) i-a făcut lui Iosif o ofertă tentantă. Această femeie îl considera pe Iosif un tip arătos și voia să se culce cu el. Soția lui Potifar a făcut un plan strategic, asigurându-se că toți slujitorii îi lasă casa goală pentru o după-amiază. Atunci când Iosif a intrat în casă, pentru a-și îndeplini îndatoririle, nu a mai găsit acolo pe nimeni decât pe soția lui Potifar. Ea l-a apucat pe Iosif de cămașă și l-a implorat să se culce cu ea. Era disperată să își satisfacă dorințele sexuale cu Iosif. În loc să îi cedeze și să asculte de soția stăpânului său, Iosif a ales să Îl onoreze pe Dumnezeu. El a spus: „El nu este mai mare decât mine în casa aceasta și nu mi-a oprit nimic, afară de tine, pentru că ești nevasta lui. Cum aș putea să fac eu un rău atât de mare și să păcătuiesc împotriva lui Dumnezeu?" (Gen. 39:9). Iosif a fugit din locul acela și din fața ispitei. Nu le-a permis dorințelor păcătoase să-și scoată capul. Nu a stat acolo, dându-i ei posibilitatea să îl vrăjească. Nu a stat să se gândească la plăcerile de moment ale poftei carnale. Nu. Din contră. A fugit literalmente de ispită. Iosif a fugit de femeia aceea și nu s-a mai uitat înapoi.

Iosif a fugit de femeia aceea și nu s-a mai uitat înapoi.

După mai mulți ani, Dumnezeu i-a scăpat pe israeliți de la moarte cu ajutorul lui Iosif. Credincioșia lui Iosif față de Dumnezeu a dus la salvarea a mii de oameni din fața foametei. Ce rezultat diferit față de rezultatele alegerii Evei.

O decizie a dus la moarte, iar cealaltă a dus la viață. Eva și Iosif au fost puși în fața aceleiași alegeri: aceea de a ceda în fața ispitei și a firii sau aceea de a-i rezista și a-L onora pe Dumnezeu.

Fugi de ispită

Gândește-te la viața ta. Când ai cedat ultima oară ispitei sexuale? Când ispita și-a făcut apariția, ce ai făcut tu? Cum a arătat acel proces? Erai singură? Erai cu un grup de prieteni? Făceai ceva ce știai că putea duce la apariția ispitei? Când te uiți în urmă la situația aceea specifică, gândește-te ce ai fi putut face diferit. Cum i-ai fi putut ține piept?

Cu cât înțelegi mai bine procesul cedării în fața acelei ispite, cu atât mai ușor va fi să reperezi ispita în viitor.

Iată câteva moduri în care poți fugi de ispită data viitoare când își face apariția.

Dacă ești tentată să îi trimiți unui tip fotografii-nud, șterge mesajul lui, sună o femeie evlavioasă și cere-i ajutorul. Nu zăbovi asupra mesajului lui. Fugi de el!

Dacă ești tentată să te uiți la pornografie online, alege să închizi imediat dispozitivul. Nu naviga pe site. Fugi de el!

Dacă iubitul tău te ispitește în mod constant să faci sex cu el, pune capăt relației. Nu accepta astfel de presiuni în viața ta. Fugi de ispită!

Dacă ești tentată să citești materiale erotice, aruncă-le sau șterge-le. Nu ține astfel de materiale la îndemână. Fugi de ele!

În toate acestea, nu uita că a ști dinainte cum funcționează ispita înseamnă a fi pregătită să-i ții piept. Speranța noastră pentru tine este că, citind acest capitol, vei fi pregătită și echipată să fugi de ispitele sexuale. Nu face ca Eva. Fă invers. Fugi! Fugi! Fugi de dorința aceea carnală. Fugi de oferta ei ademenitoare și nu te uita înapoi.

10. LUPTA SECRETĂ DIN MINTEA TA

Fanteziile au fost specialitatea mea (Bethany). Stăteam întinsă în pat și mă gândeam la băieți ore în șir. Aveam fantezii despre săruturi. Aveam fantezii sexuale. Îmi imaginam povești de dragoste ca în basme, în care eu eram vedeta.

Abia spre sfârșitul anilor adolescenței am început să văd ipocrizia fanteziilor mele. În aparență duceam o viață pură, dar în sufletul meu aveam probleme. Faptele mele nu reflectau adevărul din inima mea. Trebuia să încep să trăiesc o viață pură din interior spre exterior.

Din fericire, Dumnezeu a știut exact ce aveam nevoie în perioada aceea din viața mea. Am citit o carte creștină care vorbea exact despre problema mea. Autorul scria despre nevoia de a avea o inimă curată și fapte curate deopotrivă. Gândurile mele aveau nevoie să fie umplute de dragostea pentru Isus, nu dominate de fantezii sexuale.

Cartea se termina cu mai multe aplicații practice. A fost aur curat pentru mine. Aveam nevoie de adevăr, dar aveam nevoie și de aplicații practice. Încet, dar sigur am început să fac alegeri care m-au influențat din interior spre exterior. Inima mea se transforma, iar eu am început să văd nevoia de a avea o viață curată, atât în gândurile mele, cât și în faptele mele.

Bine mersi în aparență, război în sufletul meu

În timp ce scriam această carte, amândouă ne-am dat seama că nu suntem singurele care au probleme cu puritatea interioară. Nu suntem singurele care dau bine în aparență, dar se chinuiesc să rămână pure în interior. Iată ce au de spus câteva dintre voi despre lupta lor interioară:

„În căutarea purității, păstrarea gândurilor curate e cel mai greu pentru mine." – Hailey

„Nu m-am simțit niciodată ispitită fizic. Dar lupta pentru puritatea minții și a inimii este permanentă. În trecut, m-am luptat mult să îmi păstrez gândurile pure și onorabile cu privire la Dumnezeu și la bărbații din viața mea, într-o lume dominată de sex." – Jasmin

„Când sunt cu un tip, pot să spun nu cu ușurință apropierii fizice. Cu toate acestea, în mintea mea, eu și tipul respectiv am ajuns mult mai departe decât cred că ar trebui să ajungi înainte de căsătorie." – Morgan

„Mi-e atât de ușor să îmi las mintea să rătăcească. Încep să îmi imaginez tot felul de scene și să îmi las imaginația să zburde. Am nevoie să învăț cum să fac fiecare gând captiv ascultării de Cristos." – Janice

Multe dintre noi ducem zilnic o luptă acerbă pentru puritatea minților noastre. Ni se pare ușor să spunem nu apropierii fizice, dar nu prea reușim să Îl onorăm pe Cristos cu gândurile noastre. În exterior s-ar putea să părem stăpâne pe noi, dar asta nu reflectă adevărul a ceea ce este în interior.

Multe dintre noi ducem zilnic o luptă acerbă pentru puritatea minților noastre.

Eu (Kristen) am stat recent de vorbă cu o femeie care avea exact problema aceasta. Toți cei din jurul ei o credeau o femeie evlavioasă și o dădeau exemplu de puritate. Părinții ei se lăudau cu ea prietenilor lor, părinți la rândul lor. Dar de câte ori părinții ei vorbeau cu alții despre cât de evlavioasă și pură era, ei îi venea să fugă și să urle. Știa că inima ei nu era pură. În aparență, era o fată bună, care frecventa biserica, dar sufletul ei era acaparat de plăcerile carnale. Numai ea știa realitatea luptelor ei.

Fiind femei creștine, ne vine greu să ne admitem luptele interioare, când toți cei din jur cred că facem lucruri nemaipomenite. Poate fi greu să te deschizi și să ceri ajutor când oamenii din jur îți admiră „evlavia".

Eu (Bethany) îmi aduc aminte că am dus aceeași „luptă". Fiind o creștină care părea stăpână pe sine, îmi era prea rușine să las să se vadă cum eram de fapt. Deși îmi doream mult să îmi ascund secretul, știam că nu sunt sinceră. Știam și că Dumnezeu vede în adâncul inimii mele și că de El nu pot ascunde nimic.

Dumnezeu știe totul

Uneori ne e ușor să ne prefacem că suntem mai bine decât în realitate. Ne înșelăm cu ușurință, și pe noi, și pe ceilalți, că suntem stăpâne pe situație. Alții nu văd ce e în sufletul nostru, așadar ei nu știu dacă totul e bine sau avem probleme. Totuși, nu ne ajută să ne ascundem luptele interioare și nu îi ajută nici pe cei ce încearcă să ne ajute. Și adevărul este că Dumnezeu știe deja totul despre noi (vezi Ps. 38:9). El înțelege starea inimii noastre.

El vede luptele noastre. E conștient de fiecare gând care ne trece prin minte. Nu e surprins de faptele noastre bune sau rele.

„Știi când stau jos și când mă scol
 și de departe îmi pătrunzi gândul.
Știi când umblu și când mă culc
 și cunoști toate căile mele.
Căci nu-mi ajunge cuvântul pe limbă,
 și Tu, Doamne, îl și cunoști în totul." (Ps. 139:2–4)

Dumnezeu știe deja totul despre noi.

Când vine vorba despre lupta pentru puritatea sufletului nostru, s-ar putea să ne fie greu să ne dăm seama cât de mare e lupta noastră. Faptele exterioare sunt ușor de măsurat. Gândurile, dorințele, emoțiile și poftele sunt mult mai greu de cântărit. Această realitate este unul dintre motivele pentru care ne e atât de ușor să ne ascundem lupta sufletească. Folosind tabelul de pe pagina următoare, marchează pe linie cifra care indică cel mai mult cât de mult te lupți cu fiecare dintre problemele enumerate.

Șablon de măsurare a luptei ascunse a inimii

1. Îmi imaginez și visez la sex în mintea mea

1 ... 2 ... 3 ... 4 ... 5 ... 6 ... 7 ... 8 ... 9 ... 10
Nu am probleme — Am probleme mari

2. Inventez povești sexuale fanteziste

1 ... 2 ... 3 ... 4 ... 5 ... 6 ... 7 ... 8 ... 9 ... 10
Nu am probleme — Am probleme mari

3. Visez cu ochii deschiși că sunt căsătorită și că fac sex cu viitorul meu soț

1 ... 2 ... 3 ... 4 ... 5 ... 6 ... 7 ... 8 ... 9 ... 10
Nu am probleme — Am probleme mari

4. Visez cu ochii deschiși că fac sex cu soțul altei femei

1 ... 2 ... 3 ... 4 ... 5 ... 6 ... 7 ... 8 ... 9 ... 10
Nu am probleme Am probleme mari

5. Retrăiesc în mintea mea experiențe sexuale pe care le-am văzut la alții

1 ... 2 ... 3 ... 4 ... 5 ... 6 ... 7 ... 8 ... 9 ... 10
Nu am probleme Am probleme mari

6. Îmi imaginez că mă giugiulesc cu tipul de care sunt îndrăgostită sau cu prietenul meu

1 ... 2 ... 3 ... 4 ... 5 ... 6 ... 7 ... 8 ... 9 ... 10
Nu am probleme Am probleme mari

7. Scriu povești explicite sexual

1 ... 2 ... 3 ... 4 ... 5 ... 6 ... 7 ... 8 ... 9 ... 10
Nu am probleme Am probleme mari

8. Mă uit la filme sau la seriale care îmi satisfac pasiunile sexuale

1 ... 2 ... 3 ... 4 ... 5 ... 6 ... 7 ... 8 ... 9 ... 10
Nu am probleme Am probleme mari

9. Ascult muzică cu încărcătură sexuală

1 ... 2 ... 3 ... 4 ... 5 ... 6 ... 7 ... 8 ... 9 ... 10
Nu am probleme Am probleme mari

10. În aparență pretind că duc o viață pură, în timp ce în sufletul meu am probleme cu puritatea

1 ... 2 ... 3 ... 4 ... 5 ... 6 ... 7 ... 8 ... 9 ... 10
Nu am probleme Am probleme mari

După ce ai notat fiecare răspuns, adu lista în rugăciune înaintea lui Dumnezeu. Nu uita că El deja îți cunoaște toate luptele tale. Ele nu Îl surprind. Mărturisește-I Lui toate luptele tale interioare și roagă-L să te ierte. Roagă-L să te ajute să cauți puritatea în aspectele secrete ale inimii tale. Roagă-L să te întărească din interior spre exterior. Vom vedea mai în detaliu cum putem aplica aceste lucruri practic în viața noastră, la sfârșitul acestui capitol.

Fii conștientă de profunzimile inimii tale

Dacă vrem cu adevărat să scăpăm de luptele noastre secrete, trebuie să înțelegem perspectiva biblică a inimii. Trebuie să înțelegem cine ne-a creat Dumnezeu să fim în sufletul nostru. Pentru a ne lupta cu păcatele noastre secrete mai eficient, trebuie să înțelegem mai bine unde are loc lupta în lăuntrul nostru. Are ea loc în gândul meu? Sau în inima mea? Ce rol au emoțiile? Trebuie să nu mai fac anumite lucruri? Cum pot să Îl iubesc pe Dumnezeu din toată inima mea, când ea are probleme? Cum rămâne cu ce vreau eu? Am de ales în toate acestea? Consiliera biblică, Elyse Fitzpatrick spune că atunci când Biblia se referă la inimă, se referă la trei părți principale ale ființei noastre: minte, afect și voință. Iată cum explică ea:

Mintea

Termenul *inimă* se referă în primul rând la mintea noastră, care include gândurile, credințele, amintirile, părerile, conștiința și discernământul nostru (vezi 1 Regi 3:12; Mat. 13:15; Luca 24:38; Rom. 1:21; 1 Tim. 1:5).

Afectele

O altă parte a omului nostru sau inimii noastre sunt afectele. Acestea includ: dorințele, sentimentele, imaginația și emoțiile (vezi Deut. 28:47; Ios. 14:8; 1 Sam. 1:8; Ps. 20:4; 73:7; Iac. 3:14).

Voința

A treia funcție a inimii noastre este voința. Aceasta face parte din ființa noastră lăuntrică și este responsabilă de acțiunile pe care alegem să le facem. Voința primește informații de la minte și de la afecte în ceea ce privește cursul optim al acțiunilor, iar voința acționează în conformitate (Deut. 30:19; Ios. 24:15; Ps. 25:12; Is. 7:15).[1]

Atunci când ne gândim la luptele noastre interioare, ne gândim la ele întâmplându-se în contextul minții, afectelor și voinței. Fitzpatrick le descrie astfel: „Mintea ta informează afectele despre sursa fericirii tale supreme; afectele tale și-o imaginează, te determină să tânjești după ea și aplică stimulentul necesar care îți îndeamnă voința să aleagă."[2] Dacă mintea noastră zăbovește asupra gândurilor senzuale, nu va face decât să alimenteze afectele senzuale. Cu cât nutrim mai mult gândurile senzuale, cu atât mai mult tânjim după ele. Cu cât tânjim mai mult după ele, cu atât mai ușor va fi să le repetăm în mințile noastre. Pentru a schimba acest tipar și a începe să trăim o viață pură din interior înspre exterior, trebuie să ne alimentăm mintea cu adevăruri despre Cristos. Cu cât ne umplem mai mult mințile cu gânduri pure, cu atât mai mult afectele noastre vor dori lucruri evlavioase. Cu cât afectele noastre tânjesc mai mult după Cristos și neprihănirea Sa, cu atât mai mult Îl vom alege pe El înaintea fanteziilor noastre.

Dacă mintea noastră zăbovește asupra gândurilor senzuale, nu va face decât să alimenteze afectele senzuale.

De vreme ce inima ta cuprinde mintea, afectele și voința ta, e important să îți vezi ființa lăuntrică ținând cont de toate cele trei aspecte. Pe măsură ce te străduiești să schimbi ceva în aspectele secrete ale vieții tale, este important să înțelegi spectrul întreg al identității tale interioare ca să poți beneficia de o schimbare reală și durabilă.

Nu uita, în toate acestea, scopul tău nu este acela de a obține un stadiu al purității, ci să aliniezi întreaga ta viață, interioară și exterioară, cu prima și cea mai mare poruncă din Biblie: „Să iubești pe Domnul, Dumnezeul tău, cu toată inima ta, cu tot sufletul tău și cu tot cugetul tău. Aceasta este cea dintâi și cea mai mare poruncă" (Mat. 22:37–38). Să Îl iubești pe Domnul Dumnezeul tău cu toată inima, sufletul și mintea ta este obiectivul purității interioare.

Strategii de câștigare a luptei interioare

Când eu (Bethany) am început să îmi dau seama de lupta mea interioară pentru puritate, am știut că aveam nevoie de un plan de luptă specific, care să mă ajute să câștig victoria. Vreau să împărtășesc cu tine cinci strategii foarte specifice și practice. Aceste strategii mă îndeamnă să Îl iubesc pe Cristos cu toată inima, sufletul și mintea mea.

Curățenia

Este vital să îți cureți viața de orice nu te lasă să câștigi lupta pentru puritate interioară (vezi Ps. 32:5). Nu uita că mintea ta este un aspect esențial al inimii tale. Dacă îți alimentezi mintea cu conținut imoral și murdar, lupta va continua. Ia lucrurile în cel mai serios mod! Pune la treabă dorința ta de puritate, curățindu-ți viața de conținutul care nu te ajută în acest sens.

Pentru a-mi curăța viața, am făcut câteva lucruri. Am luat un sac menajer mare și negru și m-am dus în dormitor. Am evaluat cu seriozitate tot ce aveam acolo. M-am uitat la cărți, filme, reviste, haine etc. și am pus în sac tot ce însemna pentru mine un impediment. Chiar dacă a fost unul mic, l-am aruncat. Apoi am pus sacul în mașină și l-am dus la pubela publică. Nu voiam să mai rămână nimic în camera mea.

Nu uita că mintea ta este un aspect esențial al inimii tale.

Au urmat telefonul și computerul. Am căutat prin toate aplicațiile, rețelele de socializare și abonamentele și am șters tot ce nu mă ajuta. Am scos anumite persoane din lista celor pe care îi urmăream, m-am dezabonat de la anumite e-mailuri și am șters muzică, filme și tot ce nu mă ajuta în lupta cu puritatea.

Dacă te gândești serios să lupți pentru puritate interioară, fii serioasă cu procesul de curățenie. Nu lăsa nimic, nici cea mai mică ispită. Scapă de tot și nu te uita înapoi.

Studiază

Studiul individual al Cuvântul lui Dumnezeu este esențial în lupta cu puritatea interioară. Biblia nu seamănă cu nicio altă carte de pe pământ. Este Cuvântul inspirat al lui Dumnezeu. Pentru ca noi să știm ce este bine și adevărat. Conform Bibliei: „Toată Scriptura este insuflată de Dumnezeu și de folos ca să învețe, să mustre, să îndrepte, să dea înțelepciune în neprihănire, pentru ca omul lui Dumnezeu să fie desăvârșit și cu totul destoinic pentru orice lucrare bună" (2 Tim. 3:16–17).

Citirea Bibliei poate părea deseori o sarcină copleșitoare. Este o carte foarte mare și este împărțită în mai multe părți. Se împarte în Vechiul și Noul Testament și este încărcată de istorie, poezie, profeții, înțelepciune și multe altele. Așadar, de unde ar trebui să începi?

Din fericire, nu există o metodă perfectă de a citi Biblia. Sunt multe modalități folositoare de abordare a studiului acesteia. Dacă ai un program curent de citire a Bibliei, care te ajută, continuă-l. Dacă ai nevoie de o sugestie, îți recomand să începi cu cartea Proverbe. Este mică, are doar 31 de capitole, pline de înțelepciune practică. Fiindcă o lună calendaristică are, de obicei, 31 de zile, este ușor să citești un capitol pe zi.

Ia Biblia (sau folosește o variantă electronică gratuită) și deschide-o la cartea Proverbe. Citește proverbul care coincide cu ziua de azi din calendar. Dacă e în 15, citește Proverbe 15. Dacă este în 29, citește Proverbe 29. Este simplu. Acest obicei zilnic, timp de 31 de zile, este un mod foarte bun de a începe să studiezi Biblia.

Memorează

Memorarea diverselor pasaje din Scriptură este unul dintre cele mai bune moduri de reînnoire a minții (vezi Rom. 12:2). E foarte plăcut să îți iei gândul de la ceea ce te distrage în viață și să te gândești numai la Dumnezeu. Atunci când memorezi ceva, devine mai ușor accesibil oricând și oriunde. Memorarea Scripturii înseamnă că o poți lua cu tine oriunde ai merge.

Datorită părinților mei, eu am memorat multe versete biblice. Având experiență în acest domeniu, pot spune că memorarea Scripturii merită tot efortul. Dacă nu ai un obicei de a memora, te încurajez să începi să faci acest lucru. Iată câteva pasaje extraordinare cu care să începi.

> „Zidește în mine o inimă curată, Dumnezeule
> și pune în mine un duh nou și statornic." (Ps. 51:10)

„Nu v-a ajuns nicio ispită care să nu fi fost potrivită cu puterea omenească. Și Dumnezeu, care este credincios, nu va îngădui să fiți ispitiți peste puterile voastre, ci, împreună cu ispita, a pregătit și mijlocul să ieșiți din ea, ca s-o puteți răbda." (1 Cor. 10:13)

Versetul preferat al lui Bethany:

> „Încrede-te în Domnul din toată inima ta şi nu te bizui pe înțelepciunea ta! Recunoaşte-L în toate căile tale, şi El îți va netezi cărările." (Prov. 3:5–6)

Versetul preferat al lui Kristen:

> „Vrednic eşti Doamne şi Dumnezeul nostru să primeşti slava, cinstea şi puterea, căci Tu ai făcut toate lucrurile şi prin voia Ta stau în ființă şi au fost făcute!" (Apoc. 4:11)

Fă-ți o strategie

Gândește-te la viața ta și la momentele în care ești cel mai ispitită. Se întâmplă într-un anumit moment al zilei? Într-un anumit loc? După ce faci anumite lucruri? După ce te întâlnești cu anumiți oameni?

Lupta mea interioară avea deseori loc noaptea. Îmi era cel mai greu când eram singură și stăteam întinsă în pat. Mintea mea se trezea la viață. Am recunoscut că lupta mea se ducea seara, prin urmare am început să îmi fac o strategie pentru acel moment nocturn. În loc să stau întinsă în pat cu pasivitate și să aștept ca mintea mea să se trezească la viață, începeam să mă rog intenționat. Meditam la Scriptură și scriam versete. Uneori îmi scriam gândurile și rugăciunile într-un jurnal. Erau moduri excelente pentru mine de a combate ispita înainte să își facă apariția (vezi 2 Tim. 2:22). Bineînțeles, strategia ta poate căpăta altă formă. Dar concluzia este aceasta: identifică momentul și locul unde îți este cel mai greu să faci față ispitei, apoi fă-ți o strategie câștigătoare.

Identifică momentul și locul unde îți este cel mai greu să faci față ispitei, apoi fă-ți o strategie câștigătoare.

Roagă-te

Rugăciunea este una dintre cele mai puternice arme pe care le ai (vezi 1 Ioan 5:14–15). Dacă L-ai primit pe Cristos ca Mântuitor personal, Duhul Sfânt este viu și activ și lucrează în inima ta. „Și tot astfel și Duhul ne ajută în slăbiciunea noastră, căci nu știm cum trebuie să ne rugăm. Dar Însuși Duhul mijlocește pentru noi cu suspine negrăite" (Rom. 8:26).

Duhul Sfânt este literalmente alături de tine pentru a te susține în rugăciune. El e alături de tine pentru a te întări și a-ți asigura victoria. Matei 28:18–20 ne aduce aminte de o realitate încurajatoare și plină de speranță. „Isus S-a apropiat de ei, a vorbit cu ei și le-a zis: «Toată puterea Mi-a fost dată în cer și pe pământ. Duceți-vă și faceți ucenici din toate neamurile, botezându-i în Numele Tatălui și al Fiului, și al Sfântului Duh. Și învățați-i să păzească tot ce v-am poruncit. Și iată că Eu sunt cu voi în toate zilele, până la sfârșitul veacului. Amin.»" Nu ești singură în lupta aceasta. Mulțumită lui Dumnezeu și harului Său uimitor, ai acces la puterea Lui perfectă, prin moartea și învierea lui Isus și prin Duhul care locuiește în tine (vezi Ef. 3:12). Profită de acest dar uimitor!

Iată două lucruri concrete pentru care te poți ruga:

1. *Roagă-te pentru tine.* Strigă la Dumnezeu și roagă-L să te ajute în slăbiciunea ta. Roagă-L să te întărească și să îți dea putere să Îl onorezi în inima ta. Roagă-L să te asemuiască tot mai mult cu Isus. De asemenea, roagă-te regulat, nu doar atunci când ai probleme.
2. *Roagă-te pentru alți oameni.* Unul dintre cele mai bune moduri de a-ți distrage mintea de la fantezii, gânduri sexuale sau lupte este să te rogi pentru alții. Mintea ta nu poate face decât un lucru odată. Dacă te vei ruga pentru alții, nu vei mai avea loc și pentru fanteziile tale. Acesta este un mod extraordinar de a te lupta și de a-i sluji pe ceilalți în același timp.

Puritatea interioară este posibilă

Lupta pentru puritatea interioară nu va fi scurtă și nici ușoară, dar va fi posibilă. Noi două am văzut cum inimile noastre s-au schimbat radical. Am văzut cum ne-a transformat Dumnezeu din „femei creștine de aur" în femei care Îl iubesc din toată inima pe Isus. El poate face același lucru și pentru tine. În timp ce îți conformezi mintea adevărului, afectele tale o vor urma și, prin harul lui Dumnezeu, ți se va părea ușor să ai o inimă cu adevărat pură. Atunci când scopul tău este să Îl iubești pe Dumnezeu cu tot ce e în tine, acțiunile tale exterioare vor deveni o reflectare autentică a ceea ce se întâmplă în inima ta.

11. DISCUȚII SERIOASE: PORNOGRAFIE, EROTISM ȘI MASTURBARE

Cu obrajii plini de lacrimi, eu (Kristen) m-am așezat pe pat, simțindu-mă complet incurabilă. La 15 ani, dorința mea după intimitate sexuală era puternică, iar eu simțeam că nu mai suport. În acel moment, nu știam cum puteam aștepta până la căsătorie, având dorințe sexuale atât de puternice. „Cum poate fi așa ceva un dar?", Îl întrebam pe Dumnezeu printre lacrimi.

În inima mea, știam cât de mult prețuia Dumnezeu puritatea și sfințenia, dar mi se părea imposibil să rezist mereu impulsurilor mele, indiferent pentru cât timp. Am încercat să îmi controlez gândurile senzuale, dar păreau să fie mai puternice decât mine de cele mai multe ori. Imagini și fantezii sexuale îmi bombardau mintea în cele mai neașteptate momente.

În tot acest timp, masturbarea a devenit tovarășa mea nepoftită, dar mereu prezentă. Vina și rușinea pe care le simțeam după ce cedam poftelor mele atârnau asupra mea ca un nor imens și negru. Mă simțeam ca într-un roller coaster, câștigând bătălia săptămâna asta și pierzând-o săptămâna următoare. Îmi doream din tot sufletul victoria. „De ce e atât de greu?" a devenit strigătul meu spre Dumnezeu. M-am rugat ca dorințele mele să dispară, dar nu s-a întâmplat acest lucru. Mă simțeam confuză, neajutorată și înfrântă.

Dacă te lupți în prezent cu pofta și pierzi lupta, cum mi s-a întâmplat și mie, știu că înțelegi de ce mă simțeam atât de neajutorată. Nu e nimic mai descurajant decât să pierzi lupta din nou și din nou. Victoria pare imposibilă. Viitorul arată sumbru. Indiferent că te lupți cu masturbarea, pornografia, erotismul sau altceva, mereu te întrebi dacă vei scăpa vreodată. Ceea ce face aceste lupte și mai dificile este că puține femei vorbesc despre ele. Puține avem curaj să vorbim deschis și să cerem ajutor. Ne ascundem luptele în colțurile secrete ale vieții noastre. Deși vrem să ne schimbăm, suntem prea speriate pentru a expune adevărul.

A venit un moment spre sfârșitul liceului când am ajuns la saturație. Voiam să scap din capcana în care eram prinsă.

Acest moment de cotitură a avut loc pe când participam la o conferință creștină. În timpul sesiunii de deschidere, conferențiarul a început să vorbească despre pofta carnală și puritate. Am ciulit urechile imediat. Vorbitorul a spus că pofta carnală se dezvoltă în ascuns și în întuneric.

Apoi a continuat spunând câtă putere are decizia de a aduce păcatele secrete la lumină. Am aflat că împărtășind despre secretul meu cu alții îi slăbeam puterea asupra mea. Aducând păcatul meu la lumină învingeam minciunile și lăsam adevărul să îmi schimbe inima.

Când am auzit aceste adevăruri, un zid invizibil s-a prăbușit în inima mea. Am știut exact ce aveam de făcut. Nu mai spusesem nimănui — *niciodată* — despre lupta mea ascunsă cu masturbarea. Mă îngrozea gândul. Dar întunericul domnea de prea mult timp. Îmi doream eliberarea. În noaptea aceea am strigat la Dumnezeu în rugăciune ca niciodată. L-am rugat să îmi dea puterea de a fi sinceră. Mi-am mărturisit păcatul Lui (din nou) și m-am căit cu adevărat. Ceva părea diferit de data asta.

Apoi, după șapte zile, am hotărât să stau de vorbă cu părinții mei. Nu voi uita niciodată momentul în care am intrat în dormitorul lor. Îmi tremurau mâinile. Îmi bătea inima. Stând pe marginea patului lor, am tras aer adânc în piept. Apoi, din senin, obrajii mi s-au umplut de lacrimi. Nu reușeam să scot un cuvânt. După câteva minute, am deschis gura. Le-am spus totul. În timp ce vorbeam, mi s-a ridicat o povară de pe suflet. Secretele mele au fost demascate.

Secretele mele au fost demascate.

Părinții mei au reacționat exact cum m-am așteptat: cu har și compasiune imense. M-au îmbrățișat și ne-am rugat toți trei. Am ieșit din camera lor cu puteri noi.

Din acel moment, atitudinea mea în luptă a fost cu totul alta. Nu m-am mai simțit slabă și fără vlagă ca până atunci. Pofta carnală nu mai avea puterea pe care o avusese altădată. Am început să mă rog zilnic pentru putere. Prin harul lui Dumnezeu, El m-a ajutat să umblu din victorie în victorie.

Indiferent care este lupta ta acum, vreau să știi că există speranță. Îți spun povestea mea pentru ca tu să știi că victoria în Cristos este posibilă. Nu ești singură în lupta ta. Slujim unui Dumnezeu puternic și niciun păcat nu e prea mare pentru Mântuitorul nostru. Eu am trăit experiența asta pe pielea mea și vreau să o trăiești și tu. Vom vorbi mai multe despre asta la sfârșitul acestui capitol și din nou în capitolul 13. Însă acum, hai să intrăm în miezul problemei.

În toate e-mailurile pe care le-am primit noi (Kristen și Bethany) de la alte femei, legat de luptele sexuale, trei subiecte se reiau des: pornografia, erotismul și masturbarea. Cultura modernă vorbește cu deschidere despre aceste lucruri, dar multe femei creștine găsesc tăcere în biserică legat de aceste subiecte. Drept urmare, multe se întreabă dacă Biblia are ceva de spus despre aceste probleme relevante. Ba chiar mai mult, oferă Biblia vreo îndrumare și ajutor pentru cei care se confruntă cu ele? E timpul să avem aceste discuții.

Ca în orice alt aspect al sexualității, lui Dumnezeu Îi pasă profund de aceste lucruri și vrea să ne dea puterea de a accepta așa cum trebuie planul Lui bun.

Pornografia

„De ani de zile mă uit pe ascuns la pornografie. Știu că e păcat și vreau să încetez... dar nu am curajul să îl mărturisesc. În adâncul inimii, cred că păcatul meu e prea adânc pentru harul lui Dumnezeu. Dar nu știu cum să mă lupt cu el și să scap de minciuna că sunt o cauză pierdută." – Jessica

Trăim zile în care pornografia e mai accesibilă ca niciodată în istorie. La un clic distanță, putem avea acces privat la sex la cerere cât de mult vrem. Se estimează că în prezent „35% din materialele descărcate de pe internet sunt legate de pornografie."[1] Se fac bani buni de pe urma acestor oportunități. În datele oficiale: „Pornografia este o industrie globală estimată la 97 de miliarde de dolari, dintre care aproximativ 12 miliarde vin din SUA."[2]

Pornografia este populară pe scară largă. E foarte clar. Iar popularitatea ei este în continuă creștere. Spre deosebire de „odinioară", când pornografia era mușamalizată și considerată de cei mai mulți o rușine, astăzi e tocmai invers. Oamenii, atât bărbați, cât și femei, sunt încurajați să se bucure de pornografie ca de o doză normală de distracție. Industria porno s-a extins cuprinzând violuri, agresiuni sexuale asupra bărbaților și asupra femeilor și multe alte combinații denaturate de promiscuitate sexuală. O revistă populară pentru femei a publicat recent lista sa cu recomandări de filme pornografice speciale pentru femei. Subtitlul spune: „Dacă nu vrei doar un clip rapid, vezi ce găsești în lista aceasta de filme cu scenarii bogate, realizate cu măiestrie."[3] Pornografia este acum promovată femeilor ca fiind o alegere media bună și normală. Dacă Jessica ar căuta îndrumare în cultura populară în ce privește lupta ei cu pornografia, i s-ar spune că e absolut normală și că nu are de ce să îi fie rușine. „Bucură-te! Răsfață-te! Simte-te bine!"

Oricât de eliberator ar părea acest sfat, iată ce nu îi spune societatea Jessicăi: Oricât de multă pornografie ai consuma, nu te va satisface niciodată pe deplin. Îți va lăsa un gol în suflet și o poftă permanentă după mai mult. Încetul cu încetul, îți va roade dorințele. Îți va distruge părerea despre sex. Într-un final, îți va otrăvi relațiile romantice din viața reală. Te va împiedica să ai o relație bogată cu Dumnezeu.

Noi de fapt nu tânjim cu adevăratdupă sex.

Oricât de ademenitoare și seducătoare ar părea pornografia, nu este decât o versiune falsă a planului lui Dumnezeu pentru sex. Așa cum am văzut în capitolele anterioare, noi de fapt nu tânjim cu adevărat după sex, ci după intimitate *veritabilă*. De aceea, în adâncul inimilor noastre, știm că ceva e în neregulă cu pornografia. Știm că nu este intimitate adevărată. Știm că promisiunile sale de satisfacere sunt deșarte. În adâncul ființei noastre, știm că pornografia nu Îl cinstește și nu Îl glorifică pe Dumnezeu.

Jessica știe acest lucru. De aceea își dorește cu atâta disperare să scape. Vrea să schimbe plăcerile false ale pornografiei cu eliberarea permanentă a împlinirii veritabile în Cristos.

Dacă și tu, la fel ca Jessica, îți dorești cu disperare să găsești eliberare de pornografie, nu ești singură. Prin harul și puterea lui Dumnezeu care lucrează în inima ta, poți fi eliberată.

Hai să ne uităm în Biblie și să vedem de ce pornografia este o versiune falsă a planului lui Dumnezeu pentru sex.

Pornografia este o bătaie de joc a jurământului de dragoste

Sexul nu a fost creat pentru a fi *privit*; a fost creat pentru a fi *trăit*. A fost creat pentru *relație*. De aceea, Dumnezeu a făcut sexul pentru a fi un motiv de bucurie a legământului dintre un soț și soția lui, în cadrul căsniciei (vezi Gen. 2:24). Pornografia își bate joc total de acest plan. Nu există niciun legământ. Nu există niciun devotament. Nu există dragoste adevărată. Pornografia înlătură relația și ne lasă cu o experiență sexuală pustie și falsă. Pornografiei îi lipsește tot ceea ce i s-a dat intimității adevărate.

Pornografia înjosește purtătorii chipului lui Dumnezeu

Este tentant să crezi că pornografia nu este decât „sex fals", interpretat de actori. Dar în spatele fețelor și trupurilor celor de pe ecrane sunt oameni adevărați, creați după chipul lui Dumnezeu (vezi Ps. 139:13–15). E alegerea unora să se afle acolo, dar alții sunt obligați să intre în industria sclaviei moderne sexuale. Vizionând pornografie, te faci vinovată de alimentarea unei industrii monstruoase, de miliarde de dolari, care deseori vânează femei și copii nevinovați. Indiferent la cine te uiți, fiecare persoană în parte are un suflet etern și o valoarea imensă datorită Creatorului ei. Satisfăcându-ne cu goliciunea lor, nu le arătăm valoare și dragoste în calitate de purtători ai chipului lui Dumnezeu. Nu îi tratăm cu demnitate și respect, așa cum ne cheamă Cristos (vezi Rom. 12:9–10). În schimb, ne complăcem în păcatul lor, urmărindu-i în timp ce comit actul sexual al imoralității... și apoi în acest proces păcătuim și noi împotriva lui Dumnezeu.

Pornografia ne denaturează tânjirile și dorințele

Unul dintre cele mai comune argumente în favoarea pornografiei sună în felul următor: „Pornografia nu îți face rău nici ție, nici altcuiva." Totuși, acest lucru nu este deloc adevărat. Un articol cu titlul „Reacțiile chimice cerebrale și dependența de pornografie: știința demonstrează cum ne afectează pornografia" ne aduce niște dovezi surprinzătoare. „În loc să stabilească o legătură profundă cu o persoană, creierul ajunge «să se atașeze» de o experiență pornografică... Până la urmă, creierul obosește, oprind producția de dopamină, lăsând spectatorul dorindu-și și mai mult, dar incapabil să ajungă vreodată la un nivel satisfăcător. Drept rezultat, plăcerile de zi cu zi nu îl mai încântă, iar spectatorul caută ceva nou, o pornografie și mai intensă pentru a atinge aceleași senzații de până atunci."[4]

> *Pornografia ne denaturează dorințele și ne deformează funcțiile sexuale naturale.*

Pornografia ne denaturează dorințele și ne deformează funcțiile sexuale naturale. Aceasta stimulează exagerat creierul, afectându-l la nivel neurologic. Pe termen lung, pornografia afectează și căsniciile, cauzând probleme mari multor cupluri în relația sexuală. Ani de conținut pornografic nerealist și exagerat de stimulator pune în dificultate intimitatea maritală.

Pornografia este o formă de închinare falsă

Este imposibil să apelezi la pornografie și să te închini cu adevărat lui Dumnezeu în același timp. Christopher Asmus, despre care ți-am spus în capitolul 6, scrie: „Păcatele poftei carnale [și] pornografia... sunt primele și cele mai importante probleme în închinare."[5] În momentele liniștite ale ispitei, când nimeni nu se uită, pofta noastră cere să fie prima. Ne confruntăm frontal cu realitatea de a alege cui ne vom închina – poftei sau lui Cristos? Ne vom închina mândriei și egoismului nostru sau în smerenie Îl vom pune pe Cristos în centrul închinării? La urma urmei, nu pornografia este cea mai mare problemă aici; ci faptul că alegi să te supui și să iubești ceva mai mult decât pe Dumnezeu, aceasta e problema.

Oricât de ademenitoare, ispititoare și excitantă ar fi pornografia, trebuie să vedem dincolo de fațada ei seducătoare. Plăcerea de moment pe care ne-o va oferi nu va împlini niciodată cele mai profunde dorințe ale noastre. Nu putem oferi dorinței noastre de intimitate o soluție falsă.

Harul și iertarea lui Dumnezeu nu se vor epuiza.

Dacă ai probleme cu pornografia acum, există *speranță*. Prin puterea lui Cristos, poți avea victorie. Multe femei creștine au învins acest păcat. Și tu poți. Harul și iertarea lui Dumnezeu nu se vor epuiza. Autorul și rapperul creștin Trip Lee spune: „Poți să te fi uitat la pornografie în ultimele 500 de zile, și Cristos nu ar rămâne fără har. Crucea despre care ai auzit prima dată este aceeași care te poate ierta și acum."[6]

Și Asmus a avut probleme cu pornografia, dar a învins acest obicei. În cuvintele înțelepte ale lui Asmus: „Singura armă pe care o avem pentru a învinge monstrul pornografiei este bucuria în ceva — ba nu, în Cineva — mai mare: Isus Cristos. Strategia de luptă împotriva pornografiei este să faci tot ce îți stă în putință să te bucuri de Isus mai mult decât de pornografie."[7]

La sfârșitul acestui capitol, îți vom arăta câțiva pași pe care îi poți face imediat pentru a începe drumul spre libertate.

Erotismul

„Sincer, mă simt atât de bine când citesc povești erotice. Cel puțin pe moment. Dar știu din experiență personală că după aceea mă simt pustiită și nemulțumită. Mă simt vinovată. Mă supăr pe mine fiindcă de fiecare dată mă *rog, mă căiesc, plâng și Îl rog pe Domnul să mă ajute să mă opresc. Dar apoi continui. Mă trezesc scuzându-mă, justificându-mă și luând-o apoi de la capăt. Dar nu vreau să mai citesc astfel de lucruri!" – Shauna*

El e cuceritor. Ea de-a dreptul superbă. El e bogat. Ea e sexy. El își dorește cu disperare o femeie în viața lui. Ea tânjește după atenția unui bărbat. Se întâlnesc. Se îndrăgostesc. Nu după mult timp, dragostea lor fierbinte ajunge o pasiune sexuală intensă. Fantezia lor pare prea frumoasă ca să fie adevărată.

Portretizarea unui povești perfecte de iubire și relație sexuală le prinde în mrejele ei pe femeile moderne cu fiecare pagină dată.

Acesta este erotismul.

Se pare că „romanele erotice sunt cărțile pentru femei care se vând cel mai bine."[8] Acest gen de literatură se scrie cu un singur scop: pentru a stimula și excita dorința sexuală din cititoare. Autoarele Dannah Gresh și dr. Juli Slattery spun că „Erotismul promite să te scoată din lumea ta plictisitoare și să îți injecteze niște aventură: chiar dacă este doar în mintea ta. Pentru scurt timp, te simți vie, imaginându-ți cum ar fi să te îndrăgostești nebunește de un bărbat superb, să fii atât de frumoasă încât să întorci tot timpul capete, să zbori cu un avion privat într-o escapadă peste ocean sau să atingi orgasme năucitoare oricând vrei."[9]

Exact de aceea suntem noi, femeile, atât de atrase de erotism. Ne captează imaginația, emoțiile și dorințele sexuale cu vorbe stimulatoare, care ne îndepărtează de realitate și ne duc într-o lume de vis. Dannah Gresh ne oferă cinci motive esențiale care le atrag pe femei la romanele erotice:

1. Evadează din realitate
2. Sunt prețuite de un bărbat
3. Sunt protejate de un bărbat puternic
4. Salvează un bărbat
5. Simt că sunt active sexual[10]

Și Shauna a fost atrasă de erotism din aceleași motive. A spus că erotismul o făcea „să se simtă foarte bine." Și e adevărat. Erotismul te face să te simți bine pe moment, fiindcă reușește să stârnească atât de multe în tine. Dacă ai citit vreodată povești erotice sau citești acum, probabil că înțelegi ce simte Shauna. Autorii și scriitorii de conținut erotic știu că o astfel de poveste ne fac să ne simțim pe culmi. Ei scriu intenționat povești de dragoste explicit sexuale, care descriu cele mai profunde dorințe ale unei femei. Conform lui Gresh și lui Slattery: „Erotismul te atrage strategic și cu măiestrie, exploatând năzuințele inimii tale."[11]

Erotismul ne face să ne simțim bine, dar asta nu înseamnă că ne face și bine. Doar fiindcă milioane de cărți erotice zboară de pe raft nu înseamnă că e sănătos sau că e cel mai bun lucru pentru apetitul nostru sexual. Ca să mergem un pas și mai departe, cum vom evalua noi, femeile creștine, erotismul în lumina Cuvântului lui Dumnezeu?

Ne-am gândit mult și am făcut multă cercetare pe acest subiect. Suntem și noi femei ca tine. Poveștile erotice atrag și natura noastră păcătoasă. Cu toate acestea, în loc să ne lăsăm luate de valul erotismului, am decis să punem câteva întrebări. Este erotismul atât de inofensiv precum se spune? Există efecte negative ale acestor lucruri senzuale? Ne apropie genul acesta de cărți de sfințenie și puritate sau ne îndepărtează? Acest gen de conținut erotic ne încurajează să avem o relație satisfăcută și intimă cu adevărat? Iată ce am descoperit.

Acest gen de conținut erotic ne încurajează să avem o relație satisfăcută și intimă cu adevărat?

În primul rând, vrem să vorbim direct cu femeile necăsătorite.

Eu (Bethany) nu sunt căsătorită în timp ce scriu aceste cuvinte. O temă repetitivă pe care eu o văd în Biblie este chemarea la puritatea sexuală (vezi Ps. 51:10; 1 Cor. 6:18; 1 Tes. 4:3–5). Dumnezeu mă cheamă să lupt pentru puritate sexuală din respect pentru planul Lui bun pentru legământul de dragoste. Nu doar ca să mă abțin de la ceva rău, ci ca să lupt *pentru* ceva bun. Oricât de plăcut ar părea erotismul pe moment, nu mă ajută în lupta mea pentru puritate. Fiind necăsătorită, m-ar ispiti să visez la sex în moduri neevlavioase. De vreme ce scopul erotismului este literalmente acela de a stârni dorința sexuală, m-am convins că acest lucru nu mă va ajuta să găsesc puritatea care Îl onorează pe Cristos.

În Cântarea cântărilor (o poveste uimitoare despre sexul pur și sfânt în cadrul căsătoriei), femeilor necăsătorite din Ierusalim li se face o chemare specifică: „Nu stârniți, nu treziți dragostea până nu vine ea" (8:4). Alte versiuni traduc cuvintele *a ațâța* sau *a provoca.* Acestor femei necăsătorite li se spune să *nu* trezească/stârnească/provoace dragostea sexuală până la momentul potrivit (căsătoria). Și noi suntem chemate azi la același lucru. Să protejăm, să prețuim și să luptăm pentru dragostea veritabilă, păstrând excitarea sexuală numai pentru căsătorie.

Acum, un cuvânt rapid pentru femeile căsătorite.

Înainte de căsătorie, eu (Kristen) am crezut ca o naivă că toate cuplurile căsătorite se bucură de relații sexuale grozave în fiecare noapte. Apoi, în primii mei ani de căsnicie cu Zack, am fost surprinsă să constat că a fost nevoie de eforturi intenționate pentru a dezvolta și a menține relația noastră sexuală.

Intimitatea maritală veritabilă cere atenție și planificare. Drept rezultat, dușmanul lucrează peste program pentru a ne împiedica să facem vreun plan în acest aspect. El face tot ce îi stă în putință ca să o *îndepărteze* pe o soție de intimitate cu soțul ei. Scopul lui este să pună o barieră între soț și soție. Să ne dea o senzație de nemulțumire și plictiseală în căsnicie.

Dannah Gresh oferă câteva cuvinte înțelepte femeilor căsătorite: „Studiez de 15 ani ce spune Dumnezeu despre sexualitate. Conform Lui, unul singur ar trebui să stârnească dorința sexuală în mine: soțul meu. De vreme ce acesta este planul lui Dumnezeu pentru dorința mea sexuală, orice trezește în mine dorință în afară de soțul meu e în afara intenției lui Dumnezeu."[12] Erotismul nu o apropie pe o soție de intimitatea autentică cu soțul ei, ci o îndepărtează de el. Stârnește dorințe și așteptări sexuale false în noi, soțiile, care ne fac să tânjim după altceva, în afara căsniciilor noastre. Erotismul ne duce în dormitorul unor persoane complet străine și ne invită să ne hrănim cu pasiunea *lor* sexuală. Ne atrage într-o lume imaginară unde pofta carnală, imoralitatea și independența sexuală sunt stăpâne absolute. Indiferent dacă ești căsătorită sau nu, noi două sperăm să poți vedea cât de fals și periculos este erotismul cu adevărat. Este fierbinte, da. Dar *se evaporă*. Nu durează. Nu împlinește. Nu satură. Cum vine, se și duce. Stârnește în inimile noastre o poftă care nu poate fi satisfăcută. Ne îndepărtează de puritate și sfințenie și ne apropie de imoralitate.

Este fierbinte, da. Dar se evaporă.

Masturbarea

„Mă lupt cu masturbarea de mult timp. Vine și pleacă la fel ca valurile. De fiecare dată încerc să mă opresc și chiar să Îi cer ajutor lui Dumnezeu... dar oricât aș încerca, până la urmă cedez. Acesta e tiparul vieții mele din ultimii ani. Mă simt foarte singură. Mă simt foarte murdară și mi-e rușine." – Rachel

Atunci când eu (Kristen) mă luptam cu masturbarea, mă întrebam sincer dacă voi scăpa vreodată de ea cu adevărat. La fel ca Rachel, mă simțeam singură și înfrântă. Mă simțeam murdară și-mi era rușine. Dacă și tu te lupți cu asta, poate simți aceleași lucruri. S-ar putea să te întrebi dacă libertatea este cu adevărat posibilă. Indiferent unde ai fi acum, noi două vrem să te invităm la dialog proaspăt, în timp ce descoperim ce spune Biblia despre acest subiect relevant.

Înainte să începem, hai să definim exact despre ce vorbim când punem întrebarea aceasta: Ce este masturbarea? Iată ce spune dicționarul limbii engleze: „stimularea propriilor organe genitale pentru plăcere sexuală."[13] Masturbarea este de cele mai multe ori un act personal și privat cu scopul de a experimenta plăcere și a o elibera prin orgasm. Unii o numesc „sex solo". Mulți creștini necăsătoriți se masturbează pentru a-și satisface dorințele și impulsurile sexuale înainte de căsătorie.

Dacă te uiți la sfaturile obișnuite ale psihologilor și „experților sexuali" moderni, mulți susțin că masturbarea este un aspect bun și sănătos al vieții. Ni se spune că impulsul sexual este precum un balon mare, care stă să se spargă. Pentru a rămâne sănătoși, suntem încurajați să eliberăm această presiune prin masturbare. Dar atât înseamnă impulsul nostru sexual: presiune sexuală, acumulare și eliberare? Noi două nu credem acest lucru. Așa cum am mai spus în capitolele anterioare, designul nostru sexual e mult mai complex.

Deși Biblia nu folosește niciodată cuvântul *masturbare,* nici nu tace în legătură cu acest subiect. Așa cum am văzut în capitolele anterioare, Biblia spune multe despre acțiunile și alegerile noastre sexuale, iar masturbarea este cu siguranță un act sexual. Scopul nostru, al femeilor creștine, ar trebui să fie întotdeauna acela de a discerne diferența dintre sexul biblic autentic și sexul lumesc, fals.

Având aceste lucruri în minte, iată câteva motive clare pentru care credem că masturbarea este o versiune falsă a planului bun al lui Dumnezeu pentru intimitatea sexuală.

Masturbarea promovează izolare și egoism

Așa cum am mai spus, am fost create pentru *yada.* Am fost create pentru intimitate. Sexul a fost creat de Dumnezeu pentru căsătorie. Pentru *relație*. Masturbarea este un act sexual izolat. Nu implică nici relație, nici intimitate maritală.

Autorul Tim Challies a spus:

> O analiză atentă a învățăturii Bibliei asupra sexualității nu ne lasă deloc să credem că Dumnezeu a gândit sexul în interes privat [Gen. 2:23–24; 1 Cor. 7:2–5; Prov. 5:18–19; Cântarea cântărilor 1:2–4]. Într-adevăr, inima și sufletul sexualității înseamnă ca doi oameni să ofere și să primească plăcere sexuală: un soț și o soție. Sexul a fost intenționat ca un mijloc al împlinirii mutuale, o expresie a dragostei în care un soț se gândește în primul rând la soția lui, iar ea se gândește în primul rând la soțul ei.[14]

De vreme ce masturbarea este un act sexual izolat, este lipsit de capacitatea de a sluji unei alte persoane sau de a-i oferi ceva. Scopul lui principal este unul cu totul egoist, slujirea propriei persoane. E lipsit de componenta relațională pe care a gândit-o Dumnezeu de la început.

Masturbarea este deseori alimentată de pofta carnală

Fie că suntem căsătorite, fie că nu, toate suntem chemate să căutăm puritatea adevărată (vezi 1 Tes. 4:3–5). Acest lucru presupune să urmărim puritatea sexuală atât în gândurile, cât și în faptele noastre. Din propria mea experiență (Kristen) și cea a multor femei cu care am vorbit despre acest lucru, masturbarea este mereu alimentată de gânduri necurate și fantezii sexuale. De fapt, nu am cunoscut niciodată nicio femeie care să se masturbeze constant în timp ce se gândea la lucruri pure. Acest lucru se întâmplă rar (sau deloc) fiindcă masturbarea este un act sexual. Presupune prezența unor gânduri și dorințe sexuale în inima noastră. Stârnește dorințe și pasiuni care imploră să fie satisfăcute. Challies a observat că „satisfacerea sexuală nu este, evident, doar un act fizic, ci unul care implică gândurile, deseori destul de intense. În timpul masturbării, imaginile pornografice, fie vizionate chiar atunci, fie rememorate în gând sau pur și simplu scornite de imaginația noastră, acționează ca un combustibil. Într-adevăr, de cele mai multe ori, aceste fantezii sunt aproape imposibil de separat de masturbare."[15]

Sexul a fost creat să fie căutat dintr-o inimă curată și dintr-o dragoste adevărată în cadrul căsniciei. De vreme ce masturbarea este în primul rând alimentată de pofte și auto-satisfacere, este o versiune falsă a sexului.

Masturbarea nu Îi aduce glorie lui Dumnezeu

În cadrul căsătoriei, sexului i se oferă oportunitatea de a fi o exprimare frumoasă a dragostei și închinării față de Dumnezeu. Este un dar de care ar trebui să ne bucurăm cu recunoștință pentru Creatorul care l-a făcut (vezi Prov. 5:18–19). Cu toate acestea, activitatea sexuală din afara căsătoriei nu Îl glorifică pe Dumnezeu, fiindcă e lipsită de integritate, puritate și context.

1 Corinteni 6:19–20 spune: „Nu știți că trupul vostru este templul Duhului Sfânt care locuiește în voi și pe care L-ați primit de la Dumnezeu? Și că voi nu sunteți ai voștri? Căci ați fost cumpărați cu un preț. Proslăviți, dar, pe Dumnezeu în trupul și în duhul vostru, care sunt ale lui Dumnezeu." Așa cum spune Jason DeRouchie pe blogul său, Desiring God: „Fiecare credincios trebuie să urmărească să Îl onoreze pe Dumnezeu cu trupul lui."[16] Atunci când ne angajăm în orice fel de activitate sexuală în afara căsniciei, nu îmbrățișăm adevăratul plan al lui Dumnezeu pentru sex, prin urmare nu avem cum să Îi aducem Lui glorie. Trupurile noastre devin vase ale păcatului, în loc de vase ale neprihănirii. Indiferent cât de puternice ar fi îndemnurile și dorințele noastre sexuale, glorificarea lui Dumnezeu cu trupul nostru ar trebui să fie prima noastră preocupare.

Masturbarea nu poate niciodată să fie o formă autentică de intimitate sexuală. Nu poate să fie o reflectare a legământului de dragoste al lui Dumnezeu. Nu poate să ne învețe despre dragostea maritală și lipsa de egoism. Ne îndepărtează de *yada*. Ne ademenește inimile pentru a ne îndepărta de puritate. Nu poate să Îl glorifice pe Dumnezeu. La urma urmei, masturbarea nu este decât o versiune falsă a sexului. Sentimentele de rușine și murdărie pe care le simțim deseori după masturbare vin cel mai probabil dintr-o conștiință vinovată. În adâncul inimii, știm că ceva nu e bine. Știm că nu urmărim puritatea. Știm că dorințele noastre nu Îl onorează pe Dumnezeu. Prin urmare, e război în duhurile noastre. Dar, în loc să ne complăcem în vinovăție, Dumnezeu ne îndeamnă să ne căim de păcatul nostru și să acceptăm iertarea lui Dumnezeu. El vrea să renunțăm la păcatul nostru și să Îl urmăm și mai stăruitor (vezi 1 Ioan 1:8–10).

Nu ești victima propriilor impulsuri sexuale.

Indiferent cât de puternice și copleșitoare ar fi îndemnurile și dorințele tale sexuale uneori, trebuie să crezi că harul lui Dumnezeu este în stare să te ajute. Nu ești victima propriilor impulsuri sexuale. Dumnezeu ți-a dat putere prin Duhul Sfânt să spui nu firii și da neprihănirii. „Zic dar: umblați cârmuiți de Duhul și nu împliniți poftele firii pământești" (Gal. 5:16).

Fie că te lupți cu masturbarea, pornografia, erotismul sau altceva, poți găsi libertate deplină în Cristos, fiindcă „nu există secret prea ascuns, trecut prea întunecat, confuzie prea adâncă, păcat prea urât, nimic mai mare decât harul statornic și omniprezent al lui Dumnezeu."[17]

Drumul tău spre libertate

Pașii următori, împreună cu informația din capitolul 13, te vor ajuta în parcursul tău spre libertatea în Cristos.

1. Caută căința autentică

Primul pas spre victorie asupra păcatului poftelor este să recunoaștem că am păcătuit împotriva lui Dumnezeu și că avem nevoie de iertarea Sa. 1 Ioan 1:9 spune: „Dacă ne mărturisim păcatele, El este credincios și drept ca să ne ierte păcatele și să ne curețe de orice nelegiuire." Dumnezeul nostru este plin de har și de iertare. El este dispus să ne primească și să îi ierte pe toți cei ce Îl caută. Cu toate acestea, nu este suficient să ne pară rău că am păcătuit. Biblia ne cheamă să ne smerim și să ne mărturisim păcatul lui Dumnezeu. De exemplu, regele David a păcătuit împotriva lui Dumnezeu comițând adulter cu Batșeba. Nu i-a plăcut ce a făcut și de aceea a încercat să se ascundă, dar nu s-a căit cu adevărat. Numai când profetul Natan l-a confruntat (peste un an), David a văzut rebeliunea și păcatul din inima lui. În acel moment, David s-a căit cu smerenie și cu adevărat înaintea lui Dumnezeu și I-a mărturisit păcatul. A fost cu adevărat doborât. Rugăciunea sa de căință apare în Psalmul 51 și este o portretizare impresionantă a adevăratei pocăințe.

> *Dumnezeul nostru este plin de har și de iertare.*

Fă-ți timp acum să te rogi și să Îi ceri lui Dumnezeu să îți arate orice păcat al desfrânării de care nu te-ai căit cu smerenie. Apoi, deschide Biblia, citește Psalmul 51 și rostește-l ca pe propria ta căință înaintea lui Dumnezeu.

2. Scoate păcatele secrete la lumină

Păcatul înflorește în întuneric. Scoaterea păcatelor secrete la lumină are o putere extraordinară de eliberare. Proverbe 28:13 spune: „Cine își ascunde fărădelegile nu propășește, dar cine le mărturisește și se lasă de ele, capătă îndurare."

Dumnezeu promite să ne ofere mila Sa dacă ne expunem păcatul. Fie că e vorba despre pornografie, masturbare, erotism sau altceva, dacă îți dorești cu adevărat libertatea, trebuie să le expui.

Fie că îți recunoști păcatul înaintea soțului, părinților, unei femei evlavioase mature sau soției pastorului tău, decide cu cine vei vorbi și apoi planifică-ți o întâlnire cu acea persoană. Nu lăsa rușinea și mândria să fie o barieră în calea libertății. Asta își dorește dușmanul. Luptă pentru libertate, cerându-I lui Dumnezeu smerenie și transparență.

A fost un element-cheie pentru mine (Kristen) în eliberarea de masturbare. Aducerea păcatului la lumină a rupt lanțurile și sclavia rușinii pe care le simțeam de multă vreme. Dumnezeu mi-a arătat milă, așa cum a promis. El va face același lucru pentru tine.

3. Caută să fii mereu ucenica unei femei evlavioase

După ce vei scoate lupta ta la lumină, nu te mai întoarce în lumea ta privată. E greu să scapi de obiceiurile păcătoase. Nu duce luptele acestea singură. Dumnezeu ne-a dat biserica locală pentru a ne conecta cu alți creștini și a fi ucenicii cuiva (Fapte 2:42; Evr. 10:19–25). Asigură-te că te integrezi într-o biserică biblică, unde se predică din Scriptură, unde se spune că Isus este speranța noastră și se promovează o comunitate bună. Caută în biserica ta (sau găsește acum o biserică) o femeie evlavioasă ca în Tit 2 și roag-o să te învețe adevărul lui Dumnezeu. În funcție de lupta ta, ia în calcul să citiți împreună o carte inspirată din Biblie pe acest subiect. Vă puteți ruga regulat împreună. Ea îți poate oferi o „ușă deschisă" să îi scrii un mesaj sau să o suni ori de câte ori ești ispitită.

> *Nu duce luptele acestea singură.*

Galateni 6:1–2 spune: „Fraților, chiar dacă un om ar cădea deodată în vreo greșeală, voi, care sunteți duhovnicești, să-l ridicați cu duhul blândeții. Și ia seama la tine însuți ca să nu fii ispitit și tu. *Purtați-vă sarcinile unii altora* și veți împlini astfel legea lui Hristos" (s.a.). Un beneficiu incredibil al apartenenței la trupul lui Cristos este că putem „să ne purtăm sarcinile unii altora." Acest lucru presupune și povara păcatului sexual. Dumnezeu nu vrea ca noi să ne ducem singure luptele, trebuie să căutăm ajutor într-o comunitate evlavioasă. Nu neglija acest pas crucial în drumul tău spre libertate.

4. Fă schimbări radicale

În funcție de frecvența și severitatea luptei tale, s-ar putea să ai nevoie de niște schimbări radicale în viața ta pentru a evita compromisul sexual. De exemplu, dacă te lupți cu pornografia, ia în calcul să folosești computerul sau telefonul numai în locuri publice, să îți instalezi pe orice dispozitiv conectat la internet un filtru de supraveghere și/sau ia o pauză pentru o vreme de la folosirea tehnologiei. Dacă te lupți cu erotismul, aruncă orice carte sau film ispititor, șterge orice conținut erotic din dispozitivele tale și evită să folosești telefonul sau computerul când ești singură. Dacă te lupți cu masturbarea, analizează unde și când ești cel mai mult ispitită. Poate în dormitorul tău, în duș sau când ești obosită. Fă-ți un plan de acțiune pentru gestionarea acestei ispite. Planul tău poate include un mesaj către mentorul tău de fiecare dată când te simți ispitită, să nu te uiți la niciun ecran când ești în pat, să eviți băi și dușuri lungi, să citești din Biblie până când adormi etc.

1 Corinteni 6:18 spune: „Fugiți de desfrâu!" *Fugiți!* E un cuvânt puternic. Alte versiuni traduc cu *alergați din calea* sau *evitați*. Ai prins ideea. Ideea este că trebuie să îți propui dinainte să fugi de imoralitatea sexuală. Păcatul sexual este un dușman feroce. Nu lua ușor lucrurile. Dușmanul este viclean și înșelător și nu se lasă cu una cu două. Trebuie să-ți tratezi păcatul cu forță și fără milă.

Suntem chemate nu numai să fugim de păcatul nostru, ci și să căutăm în schimb neprihănirea. 2 Timotei 2:22 spune: „Fugi de poftele tinereții și urmărește neprihănirea." Umple-ți timpul cu lucruri care te vor apropia de Dumnezeu (citește Biblia, roagă-te, memorează Scriptura, ascultă muzică de închinare, citește cărți inspirate din Biblie, petrece timp cu femei evlavioase etc.). Trebuie să îți umpli proactiv inima și viața cu adevărul lui Dumnezeu și să înlocuiești obiceiuri păcătoase cu obiceiuri neprihănite.

Angajarea în luptă

Lupta împotriva păcatului sexual este până la urmă o luptă pentru tronul inimilor noastre. Nu putem să ne închinăm la doi stăpâni în același timp. Nu putem să cedăm mereu păcatului sexual în timp ce ne închinăm lui Cristos ca Rege de drept. Atunci când urmărim experiențe sexuale în afara căsniciei, acest lucru vine dintr-o inimă idolatră, care își dorește păcatul și plăcerea personală înaintea unei legături cu Cristos. Ezechiel 23 zugrăvește o imagine revelatoare a ceea ce se întâmplă atunci când punem pasiunile noastre păcătoase deasupra lui Cristos. Acest capitol arată întunericul, urâciunea și pericolul unei vieți despărțite de Dumnezeu, atunci când cedăm propriilor plăceri. Nu numai că devin sclava propriilor mele păcate, ci, în cele din urmă, Îl resping pe Dumnezeu și devin o desfrânată necredincioasă în relația cu El. În loc să ne unim cu Cristos, necredincioșia noastră ne desparte de El.

Din cauza acestei realități, lupta împotriva păcatului sexual este o problemă serioasă. Ea ne cere să facem niște schimbări radicale. Dar slavă Domnului că El este de partea noastră. Puterea păcatului și a morții a fost deja înfrântă de moartea și învierea lui Cristos. Autorul Joshua Harris spune că „pentru a ne îmbrățișa corect sexualitatea, trebuie să o aducem sub domnia Celui ce a creat-o. Când facem acest lucru, nu ne mai luptăm împotriva sexualității noastre, ci pentru ea. Salvăm sexualitatea de ruina desfrâului. Aducem la înaintare identitatea noastră dată de Dumnezeu ca ființe sexuale, refuzând să fim prinse în nemulțumirea nesfârșită a poftei."[18]

Vom aprofunda și mai mult libertatea sexuală în capitolul 13. Dar acum, te încurajăm din toată inima să iei acești pași în serios, cât mai curând. Oricare ar fi lupta ta, nu aștepta. Vei găsi libertatea în Cristos.

12. RĂSPUNSURI LA ÎNTREBĂRI NEROSTITE

Eu (Bethany) am decis în cele din urmă să pun întrebarea care mă frământa. Cu puțină teamă și cutremur, am ridicat ușor mâna. Nu am știut cum vor reacționa celelalte fete din grup. Oare vor crede că sunt ciudată? Vor crede că întrebarea mea e stranie?

Cea care conducea studiului biblic s-a uitat la mine și mi-a făcut semn să continui. Cu puțină emoție în glas, am continuat. Am pus întrebarea. Oricât de înfricoșător a fost, sunt bucuroasă că am reușit. Am primit răspunsurile și claritatea pe care le căutam.

Bănuiesc că ai fost în papucii mei la un moment dat. Ai avut întrebări care te-au neliniștit, dar ți-a fost peste mână sau rușine să le adresezi. De aceea am scris acest capitol. Speranța noastră este să răspundem celor mai ascunse întrebări pe care le ai. Întrebările pe care ai emoții să le adresezi.

Șapte întrebări nerostite

Pentru a ne da seama care sunt dilemele voastre, am întocmit un chestionar on-line cu următoarea întrebare: „Dacă ai putea să le întrebi anonim pe Kristen și Bethany orice legat de sex, gen, puritate, poftă carnală, și/sau ispită, ce le-ai întreba?" Răspunsurile au fost uimitoare. Întrebările pe care le-am primit au fost fără filtru și sincere. Vă suntem foarte recunoscătoare fiecăreia dintre cele care ați participat.

Acest capitol se va concentra 100% pe răspunsurile la aceste întrebări. Ne-am uitat la fiecare în parte și am ales șapte întrebări care credem că reprezintă cel mai bine majoritatea. Să începem!

1. Dacă o fată va fi singură toată viața, înseamnă că nu va face sex niciodată?

Povestea lui Nancy DeMoss Wolgemuth este exemplul perfect pentru această întrebare. Nancy era încă nemăritată când a împlinit 50 de ani. Fiind la vârsta când nu mai putea avea copii, a crezut că avea să fie singură toată viața ei. Dar Dumnezeu a avut un alt plan. Nancy s-a căsătorit când avea aproape 60 de ani cu un bărbat extraordinar și acum se bucură de intimitate sexuală în această perioadă nouă din viața ei. În loc să încercăm să prevedem viitorul, trebuie să ne concentrăm pe ceea ce știm despre sex, celibat și căsătorie. Sexul este un dar frumos de la Dumnezeu, rezervat exclusiv pentru oamenii căsătoriți (vezi Evr. 13:4). Nu este pentru celibatari. Nu uita că Isus a trăit pe acest pământ timp de 33 de ani, a fost mereu celibatar, nu a făcut niciodată sex, și a fost perfect și împlinit total. El este exemplul suprem a ce înseamnă să ai o viață împlinitoare ca celibatar.

Nevoia noastră cea mai mare nu este cea de a face sex, ci cea de a avea o relație profundă cu Isus.

Dacă o fată va rămâne necăsătorită toată viața, trebuie să își pună toată încrederea în Dumnezeu, nu să se îngrijoreze dacă va face vreodată sex sau nu. „Încrede-te în Domnul din toată inima ta" (Prov. 3:5). Trebuie să nu uite că

Dumnezeu vede. El știe. Lui Îi pasă. Poate experimenta *yada* profundă într-o relație strânsă cu Mântuitorul ei, chiar dacă nu se căsătorește niciodată.

Nevoia noastră cea mai mare nu este cea de a face sex, ci cea de a avea o relație profundă cu Isus. Iar aceasta este accesibilă oricărei femei, în orice perioadă din viață.

2. Este sexul atât de minunat pe cât se spune?

Draga noastră, ai pus o întrebare foarte relevantă. Societatea noastră este obsedată de sex și, deseori, îl prezintă ca pe cea mai mare experiență a vieții. Înainte de căsătorie, eu (Kristen) mă întrebam același lucru. „Este sexul atât de grozav pe cât se spune?" Acum, că sunt căsătorită de mulți ani, iată răspunsul meu: da, este grozav! Cu toate acestea, contrar mesajului primit de la Hollywood, sexul nu va fi un extaz perfect tot timpul. E nevoie de eforturi intenționate și lipsă de egoism atât din partea soțului, cât și a soției, în toate aspectele căsniciei pentru a cultiva o viață sexuală vibrantă.

Actul fizic al sexului poate fi incredibil, într-adevăr, dar nu va fi la fel pentru fiecare persoană și nu e atât de simplu cum îl portretizează Hollywood. Felul în care un bărbat și o femeie experimentează plăcerea fizică, apropierea relațională și satisfacția emoțională sunt deseori diferite. Drept urmare, dragostea intenționată și înțelegerea celor doi soți sunt necesare pentru ca relația sexuală să fie reciproc satisfăcătoare. Dacă unul dintre soți este egoist și lipsit de dragoste, plăcerea sexuală e cu atât mai greu de atins.

Un alt factor-cheie care trebuie înțeles este că bărbații și femeile au hormoni diferiți și impulsuri sexuale variabile. Acest lucru înseamnă că sexul nu este la fel de interesant pentru ambii parteneri în același timp. Multe femei căsătorite cred că sexul este strâns legat de legătura lor emoțională cu soțul lor. Dacă simt că au o relație apropiată și că soțul le poartă de grijă, vor fi mult mai încântate să se conecteze sexual.

Cu toți acești factori în minte, sexul, cu adevărat, poate fi o experiență foarte plăcută în căsnicie. Dacă nu ești căsătorită, este bine să fii încântată de ideea de a face sex în cadrul căsătoriei într-o zi, dar fii atentă să nu îți pui toate așteptările pe acea experiență și atât. Căsătoria este înțesată de multe binecuvântări și daruri minunate, iar intimitatea sexuală este doar unul dintre ele.

3. Ce este permis înainte de căsătorie? Evident că sexul este rezervat pentru căsătorie, dar cât de mult e prea mult în timpul curtării?

O, cât de mult mi-aș dori eu (Bethany) ca Biblia să fi oferit o listă de verificare a lucrurilor permise și interzise înainte de căsătorie. Nu ar fi curtarea astfel mult mai ușoară? Din păcate, nu am acea listă și nu o are nimeni, fiindcă Biblia nu ne oferă așa ceva. Singurele lucruri pe care le știm cu siguranță sunt cele pe care Biblia le spune concret. În loc să ne ofere o listă cu reguli, Dumnezeu ne oferă imaginea de ansamblu și scopul suprem al căsniciei și intimității (vezi Gen. 1:28; 2:1–25; Prov. 5:15–19; Cântarea cântărilor; 1 Cor. 7:1–40; 13:4–8).

În loc să întrebăm „Până unde pot să merg, și să Îl onorez totuși pe Dumnezeu?", ar trebui să întrebăm „Cât pot prețui și păstra pentru căsătorie?" Chiar și în perioada de curtare, scopul ar trebui să fie să Îl onorezi pe Dumnezeu în tot ce faci. Ar trebui să te preocupe cum îl poți împinge pe iubitul tău spre Cristos și spre puritate. Trebuie să îți evaluezi relația în mod serios și să eviți în mod intenționat orice ar provoca ispite nenecesare sau compromisul sexual. Gândește-te la lucruri precum atingerile fizice, subiecte de discuție și timp petrecut singuri. Deși ești într-o relație de curtare, nu uita că nu ești căsătorită, și, din punct de vedere biblic nu vă aparțineți unul celuilalt. Fă tot ce poți pentru a urmări sfințenia, puritatea și onoarea în relația ta.

Am scris un capitol în cartea *Ce ești tu, dragoste?* cu titlul „Romantism fără regrete". În el, am spus: „Stabilirea limitelor morale în relațiile romantice ar trebui făcută din vreme. Întreabă-te: «Când voi sta la altar în ziua nunții, ce regrete nu vreau să am?» Gândindu-te la toate regretele posibile pe care «nu» vei vrea să le ai, îți va fi mai clar spre ce țintești."[1]

Fă tot ce poți pentru a urmări sfințenia, puritatea și onoarea în relația ta.

În relația ta de curtare, propune-ți să te preocupe acele lucruri care îți vor ghida relația spre puritate.

4. Ați putea vorbi despre LGBTQ și părerea voastră despre acest lucru? Nu știu ce să cred despre aceste lucruri.

LGBTQ (lesbiană, homosexual, bisexual, transgender și queer/ indeciși) se referă la felul în care se identifică persoanele când vine vorba despre sexualitatea lor, în afara celor două sexe naturale și a normelor heterosexuale.

Atunci când discutăm subiecte precum sexualitate, gen și identitate, trebuie să le abordăm mereu cu dragoste și cuviință. Luca 10:27 spune: „El a răspuns: «Să iubești pe Domnul, Dumnezeul tău, cu toată inima ta, cu tot sufletul tău, cu toată puterea ta și cu tot cugetul tău și pe aproapele tău ca pe tine însuți.»" Aceasta ar trebui să fie prioritatea noastră. Trebuie să învățăm să Îl iubim pe Dumnezeu și să dăm voie acestei dragoste să se reverse în relația cu aproapele nostru. Sub nicio formă nu ar trebui să apelăm la fapte de violență, persecuție, nedreptate sau rău împotriva cuiva care se identifică cu comunitatea LGBTQ. De fapt, ar trebui să facem opusul. Noi, femeile creștine, ar trebui să fim primele care să îi iubească pe cei ce se zbat să își înțeleagă sexualitatea corect și biblic și să ajungă la inima lor. Ar trebui să fim cele care îi invită la biserică și îi primesc în casele lor. Trebuie să ne propunem să le arătăm dragostea autentică a lui Cristos celor care se numesc LGBTQ.

Atunci când vorbim despre discuțiile din jurul mișcării LGBTQ, trebuie tot timpul să ne întoarcem la Biblie și să ne întrebăm ce are Dumnezeu de spus despre asta. La urma urmei, părerea Lui e cea care contează în această discuție. Așa cum am vorbit în capitolul 6, identitatea sexuală este cu adevărat o realitate desemnată de Dumnezeu. În toată Scriptura este foarte clar că Dumnezeu ne-a creat pe fiecare în parte și ne desemnează genul după voia Sa perfectă. Trebuie să rămânem în Scriptură și să lăsăm Cuvântul atemporal al lui Dumnezeu să ne formeze și să ne modeleze perspectiva asupra lumii în domeniul părerilor și discuțiilor despre LGBTQ.

Trebuie să ne străduim să iubim toți oamenii din toată inima și cu mult har și totodată să îmbrățișăm adevărul lui Dumnezeu.

5. Ce fac cu atracția mea pentru același sex?

Dacă nu ai citit povestea lui Jackie Hill Perry pe care am spus-o în capitolul 6, te încurajăm să faci acest lucru înainte de a citi această porțiune. Povestea ei are legătură cu problemele prin care treci tu. Pe măsură ce te gândești la viața ta și la dorințele păcătoase care te ispitesc, nu uita că atracția pentru același sex doar atât este: o dorință păcătoasă. Important este cum reacționezi în fața acestei dorințe păcătoase.

Atunci când te gândești la viața ta și la atracția pentru același sex cu care te confrunți, nu uita că dușmanul va încerca să te umple de teamă și rușine pentru a te îndepărta de Isus. Dușmanul vrea să crezi că ești ciudată și/sau foarte diferită de cei din jur din cauză că treci prin așa ceva. El vrea să te simți prinsă în capcană și incapabilă să cauți ajutor (vezi Ioan 10:10). Dar Dumnezeu nu crede asta despre tine. Așa cum am spus mai devreme, suntem toți creați după chipul lui Dumnezeu și fiecare dintre noi poartă chipul Creatorului nostru. Dumnezeu e mereu lângă noi când avem nevoie de El.

> Dumnezeu e mereu lângă noi când avem nevoie de El.

Dumnezeu vrea să vii la El așa cum ești. El este gata să te primească cu brațele deschise și să înceapă o lucrare nouă în inima ta. El vrea să te modeleze și să te transforme dinăuntru spre exterior. El a făcut acest lucru pentru Jackie Hill Perry și îl poate face și pentru tine. Te poate salva și răscumpăra din această luptă.

Venind la Isus, vărsându-ți inima înaintea Lui și dându-I voie lui Dumnezeu în acest aspect din viața ta este cel mai bun mod de a aborda atracția spre același sex. El este singurul care are puterea de a-ți transforma inima și a-ți schimba dorințele din inima ta. Ai încredere că El poate face acest lucru măreț pentru tine.

6. Am fost agresată sexual când aveam șapte ani. Încă nu m-am vindecat și nu știu ce să fac. Puteți să mă ajutați?

Ne pare rău că ai trăit un astfel de abuz. Ne doare inima pentru tine și toți cei ce au parte de aceeași suferință. Vrem să știi că noi, creștine fiind, suntem hotărâte să ne opunem oricărei forme de abuz. E păcat, greșit și complet împotriva inimii lui Dumnezeu pentru creația Sa. Te încurajăm să te oprești o clipă și să citești anexa de la sfârșitul acestei cărți, intitulată „Cum să găsești speranță și vindecare în urma abuzului sexual".

Dr. Heath Lambert este creștin, pastor și consilier creștin și a fost în copilărie victima abuzului mai bine de zece ani. Apreciem cuvintele sale pe acest subiect: „Toți creștinii trebuie să se opună oricărei forme de abuz. Dacă nu facem acest lucru înseamnă că nu suntem de partea Dumnezeului creator care poruncește ca cei puternici să îi protejeze pe cei slabi."[2] Asta simțim noi pentru toate femeile. Ca cei puternici să îi protejeze pe cei slabi și ca cei ce au un cuvânt de spus să vorbească pentru cei ce nu au.

Cele care ați fost agresate și tratate rău, Dumnezeu ține la voi enorm. Fiul Lui în persoană, Isus Cristos, a fost trimis pe acest pământ și a fost tratat nedrept și agresat până la moarte. Dumnezeu simte o compasiune specială pentru cei care au de suferit așa cum a suferit și Fiul Său, după cum spune Scriptura: „Blestemat să fie cel ce se atinge de dreptul străinului, orfanului și văduvei!" (Deut. 27:19). Și

> „Pentru că cei nenorociți sunt asupriți și pentru că săracii gem,
> acum, zice Domnul, Mă scol
> și aduc mântuire celor obijduiți"
> (Ps. 12:5).

Dumnezeu le acordă o atenție deosebită celor care suferă nedreptate.

Vindecarea și restaurarea sunt posibile (dr. Heath Lambert este un exemplu incredibil al acestei vindecări), dar cer timp. Noi două te încurajăm să împărtășești povestea ta cu o femeie creștină de încredere. Cu înțelepciunea și călăuzirea ei, puteți găsi împreună un plan de vindecare.

7. Nu sunt sigură cum să depășesc trecutul meu sexual și să nu mă mai tragă în spate. Pot să o iau de la capăt?

Dumnezeu vrea ca noi să experimentăm vindecarea, iertarea și eliberarea de păcat. Acesta este motivul pentru care L-a trimis pe Isus pe cruce. Dumnezeu nu L-a trimis pe Isus să moară pentru perfecțiunea noastră; Dumnezeu L-a trimis pe Isus să moară pentru imperfecțiunea noastră (vezi Ioan 3:16–18; 1 Cor. 15:1–3). E important să nu uităm că Isus a venit pentru a ne aduce libertatea adevărată. „Rămâneți, dar, tari și nu vă plecați iarăși sub jugul robiei" (Gal. 5:1). Cristos nu a venit ca noi să rămânem în păcatele și nefericirea noastră; El a venit ca noi să ne bucurăm de viață.

În *Ce ești tu, dragoste?*, am inclus o anexă cu titlul: „Cum să găsești eliberare și iertare pentru păcatul sexual din trecut". Iată un extras care rezumă ce simțim noi legat de această întrebare:

> Noi două vrem să știi că ești iubită și ai preț în ochii Creatorului, indiferent de trecutul tău. Da, Dumnezeu suferă profund din cauza păcatelor noastre și ne cheamă să ne pocăim, dar asta nu schimbă dragostea Lui față de noi. Valoarea ta nu e dată de ceea ce ai făcut sau ți s-a făcut. Valoarea ta vine exclusiv din Dumnezeu. Și, datorită Lui, ai o valoare incomensurabilă. Ai însemnătate intrinsecă, fiindcă ești făcută după chipul lui Dumnezeu (vezi Gen. 1:26).[3]

În lumina acestor lucruri importante, noi două recunoaștem că păcatul are consecințe. Alegerile păcătoase ale tuturor au consecințe negative în viețile lor. E important să recunoști efectele negative ale păcatului tău, dar să nu îți definești viitorul după acele alegeri trecute. Primește oferta de har a lui Isus și mergi mai departe ca fiică iertată de Dumnezeu. Poți alege să îmbrățișezi iertarea lui Dumnezeu și să umbli în libertate.

Valoarea ta vine exclusiv din Dumnezeu.

Nu înceta să pui întrebări nerostite

Sperăm că nu vei înceta niciodată să pui întrebări bune. Nu te teme să ridici mâna și să întrebi ceea ce se întreabă toată lumea în ascuns în mintea lor. Caută adevărul cu îndrăzneală. Continuă să gândești profund și să cauți răspunsuri biblice la orice întrebare nerostită. Îți recomandăm să vizitezi pagina GirlDefined.com pentru a găsi articole benefice ca răspuns la sute de întrebări grele, de genul celor de mai sus.

Partea a IV-a

Ea a fost făcută o făptură nouă

13. LIBERTATE SEXUALĂ DURABILĂ

Noi două avem o obsesie care ne apucă în fiecare decembrie. În momentul în care vremea se răcește și luminile de Crăciun se aprind, se întâmplă ceva ciudat în noi. Un monstru interior se trezește din amorțeală. Aruncăm pe fereastră tot ce am învățat despre mâncarea sănătoasă. Ne dorim un singur lucru... tânjim după un singur lucru.

Cafea Mocha.

Senzația nu dispare niciodată. Pe 1 decembrie devenim tipele înnebunite după Mocha. Fiecare cafenea pe lângă care trecem ne îmbie să intrăm în ea. Impulsul nostru interior de a gusta acea bunătate cu ciocolată ne bântuiește zi și noapte. Ah, cafeaua tare... ciocolata topită... frișca! Ca un efect de domino, prima gură de Mocha atrage alte asemenea zeci.

Într-un an am băut atât de multe cafele Mocha, încât am decis că merităm o poreclă (da, poți să ai o poreclă). Ne-am dat porecla adorabilă „Petrecărețele ". Ori de câte ori ai noștri chestionau în glumă aportul nostru de Mocha, răspundeam pur și simplu: „O... nu vă faceți griji! Suntem doar petrecărețe!"

Această tradiție anuală de a bea cafea tare durează de câțiva ani buni. Dar am făcut o înțelegere. La începutul lunii decembrie nu vom fi tipele înnebunite după cafea Mocha. De fapt, începem luna hotărâte să evităm cafeaua Mocha. Știm că nu e bună pentru sănătatea noastră și pentru siluetă. Ne îmblânzim eul interior cu gândul: „Anul acesta va fi diferit. Mai puține cafele Mocha." Dar apoi, ca un ceas, pofta noastră nu dispare niciodată. Petrecăreața din inima noastră ne ademenește cu șiretlicul ei de ciocolată. Și, până în 17 decembrie, am comis-o.

Deși nu e nimic greșit sau păcătos în a bea cafea Mocha în vacanță, am ajuns să înțelegem ceva profund în urma acestei experiențe anuale: hotărârea noastră interioară nu e atât de puternică precum am crezut. Hotărârea de a face ceva și a face *de fapt* sunt două lucruri diferite.

Atunci când vine vorba despre problemele vieții un pic mai grele decât Mocha, am văzut același tipar „încercare și eșec" de multe ori. De-a lungul anilor, am avut multe momente, mult mai serioase, în care am jurat în tăcere înaintea lui Dumnezeu că nu vom mai ceda niciodată *acelui* lucru. I-am promis în tăcere lui Dumnezeu că nu vom mai face acel lucru. Că vom fi mai puternice. Data viitoare! Trebuia doar să ne străduim mai mult. Dar apoi... timpul trecea. Ispita revenea. Și bineînțeles că se alegea praful de hotărârea noastră. Fără să ne dăm seama, ne trezeam din nou învinse.

Pe măsură ce am stat de vorbă cu alte femei creștine de-a lungul anilor, ne-am dat seama că acest ciclu al ispitei și eșecului nu ni se întâmplă numai nouă. Nu suntem singurele care ne-am întrebat dacă schimbarea durabilă este posibilă. Femei creștine din toată lumea se întreabă același lucru. „Chiar pot să înving acest păcat din viața mea? Chiar e posibil să spun nu poftei carnale? Voi scăpa oare vreodată cu adevărat de problema asta?"

Pe măsură ce și noi două ne-am luptat cu aceste întrebări, am observat o problemă majoră. Deși suntem creștine de mici și am mers la biserică în fiecare săptămână, nu am înțeles un lucru esențial în victoria împotriva acestui păcat. Nu am înțeles pe deplin cum moartea și învierea lui Isus ne oferă puterea zilnică de a spune nu păcatului. Drept rezultat, ne-am trezit în ciclul amețitor al cafelelor Mocha de a face mereu eforturi mai mari, dar nereușind să facem o schimbare de durată. Dacă te reprezintă acest lucru, știm cât de descurajant poate fi acest ciclu. Știm cât de lipsit de speranță poate fi. Dar înainte să renunți de tot, ascultă-mă bine: teologia contează.

Eforturile și mai mari nu au fost soluția completă.

Motivul pentru care nu am trăit schimbarea durabilă nu a fost că Dumnezeu nu era suficient de puternic, a fost că nu eram noi suficient de puternice. Eforturile și mai mari nu au fost soluția completă. Până când nu L-am înțeles bine pe Dumnezeu, nu am înțeles cum să renunțăm cu adevărat la păcatul nostru.

Teologia mai puternică decât o cafea Mocha

Menționarea cuvântului *teologie* vă va încânta pe unele dintre voi, iar pe altele vă va face să căscați. Indiferent ce simți, rămâi cu noi. Teologia nu este plictisitoare atunci când îți schimbă viața. Iar cea pe care o vei descoperi curând s-ar putea să îți schimbe viața. Serios! Această teologie e mai bogată decât o Mocha. Și tu știi ce credem noi despre Mocha.

Pentru început, dacă noi, femeile creștine, vrem să experimentăm puterea lui Dumnezeu în viețile noastre în moduri reale și tangibile, trebuie să înțelegem cum să îmbrățișăm aceste două realități teologice:

1. Autoritatea harului iertător al lui Dumnezeu
2. Puterea harului transformator al lui Dumnezeu

Cele mai multe știm că puterea de schimbare vine de la Dumnezeu, dar trăim ca și când ar veni de la noi. Spunem că înțelegem harul transformator al lui Dumnezeu, dar apoi căutăm la noi puterea de schimbare. Daaa… toate cele vinovate să se ridice în picioare. Am trecut și noi exact pe aici.

Trebuie să alegem să lăsăm rușinea și vinovăția în trecut.

Iată primul adevăr pe care trebuie să îl înțelegem: iertarea lui Dumnezeu este reală. Atunci când ne căim cu adevărat înaintea lui Dumnezeu pentru orice gând păcătos, ochi rătăcitor sau faptă imorală, Dumnezeu promite că ne iartă (vezi 1 Ioan 1:9). *Zdrang!* S-a rezolvat. Suntem acoperite. Dar unde greșim cele mai multe este când afirmăm că suntem iertate, dar continuăm să ne fie rușine și să ne simțim vinovate ca și când nu am fi. Atunci când facem acest lucru, arătăm o lipsă de înțelegere despre autoritatea harului iertător al lui Dumnezeu. Fie suntem iertate pe deplin, fie nu suntem. În cartea lui Dumnezeu, nu există cale de mijloc. Trebuie să alegem să primim iertarea Sa în totalitate. Trebuie să alegem să umblăm în autoritatea acelei libertăți. Trebuie să alegem să lăsăm rușinea și vinovăția în trecut.

În cartea sa, *Finally Free* [În sfârșit, liber], dr. Heath Lambert scrie cu înțelepciune: „Speranța pentru transformarea durabilă începe atunci când strigăm la Dumnezeu cu căință și Îi cerem fierbinte iertarea și harul Său transformator. Atunci când ceri aceste lucruri cu credință, *El nu ți le va refuza niciodată.*"[1] Așa funcționează harul iertător al lui Dumnezeu. Nu îl merităm, dar Dumnezeu ne promite cu multă bunăvoință să ni-l dea atunci când i-L cerem.

Îmbrățișarea autorității harului iertător al lui Dumnezeu este primul pas. Rămâi cu noi. Va fi și mai bine.

Următorul pas este acela de a ne asigura că avem o înțelegere biblică a puterii harului transformator al lui Dumnezeu. Acest lucru ne oferă abilitatea de a renunța la obiceiuri păcătoase și de a fi libere pe viață. Da! Ne dorim acest lucru. Dr. Lambert spune că tăria noastră de a trăi altfel vine din harul puternic al lui Dumnezeu:

> Harul iertător este minunat și esențial, dar păcătoșii nu au nevoie doar de iertare. Nu e suficient că datoria noastră e plătită; avem nevoie și de har să trăim ca Isus; avem nevoie de har care ne schimbă ca să putem fi ca El în sfințenia și dragostea Lui. În Romani 6:4, Pavel declară: „Noi, deci, prin botezul în moartea Lui (Cristos), am fost îngropați împreună cu El, pentru ca, după cum Hristos a înviat din morți prin slava Tatălui, tot așa și noi să trăim o viață nouă."[2]

Dumnezeu ne cheamă să trăim o viață nouă în Cristos. O viață liberă de strânsoarea păcatului sexual. Dumnezeu nu ne cheamă să trăim astfel fără să ne ofere puterea de a face acest lucru. Aici intră în acțiune harul Lui transformator. În loc să ne bazăm pe propria noastră tărie, avem nevoie să ne oprim și să ne amintim că nu suntem îndeajuns... dar Dumnezeu e. Trebuie să ne punem încrederea în Dumnezeul puternic, deși invizibil, care locuiește în noi. Trebuie să alegem să credem că Dumnezeu este real și ne va ajuta să ne schimbăm, dacă Îi cerem acest lucru.

Romani 6:11 afirmă: „Tot așa și voi înșivă socotiți-vă morți față de păcat și vii pentru Dumnezeu, în Isus Hristos, Domnul nostru." În acest verset, apostolul Pavel spune, în esență, că trebuie să nu mai credem minciuna că păcatul nostru e mai mare decât Dumnezeu. Trebuie să credem că Cristos a învins puterea păcatului pe cruce și, de aceea, i-a anihilat puterea în viețile noastre. Am murit față de puterea păcatului care ne încleșta. Heath Lambert notează că: „Pavel spune că ești mort față de păcat și viu față de Dumnezeu în Cristos atunci când *iei în calcul* că e adevărat; adică atunci când crezi acest lucru. Dacă vrei să te schimbi și să fii ca Cristos, fie în acest aspect [al păcatului sexual], fie în orice altceva, trebuie să crezi că în Isus ai puterea de a te schimba."[3]

Credința. Aceasta este temelia mântuirii noastre și este și temelia înfrângerii păcatului. Trebuie să transformăm cunoașterea noastră rațională despre Dumnezeu în convingere emoțională în ceea ce Îl privește pe Dumnezeu. Îmbrățișând aceste două realități teologice, vom merge mai departe în călătoria noastră spre libertate.

Trebuie să transformăm cunoașterea noastră rațională despre Dumnezeu în convingere emoțională în ceea ce Îl privește pe Dumnezeu.

Vezi? Teologia nu este mereu plictisitoare. Celor care ați căscat, bravo vouă că ați continuat totuși lectura. Acum, să aducem lucrurile la un nivel personal. Unde ești tu în toate acestea, chiar acum? Chiar crezi că puterea lui Dumnezeu care lucrează în tine este îndeajuns pentru a învinge păcatul sexual din viața ta (vezi Ef. 1:19– 21)? Crezi din toată inima că Dumnezeu e suficient de puternic încât să îți schimbe poftele carnale în dorințe sfinte? Aici lucrurile devin serioase. Și încep cu credința veritabilă că Dumnezeu te poate ajuta să te schimbi. „Numai harul – încrederea în bunăvoința nemeritată a lui Dumnezeu – ne poate inspira să urmărim sfințenia, fără teamă și rușine."[4] Noi două nu am experimentat schimbare durabilă în viețile noastre până când nu am îmbrățișat cu adevărat aceste adevăruri. Faptele noastre nu au fost niciodată suficiente. Eforturile și hotărârea noastră au dat-o mereu în bară. Numai când am crezut în autoritatea harului iertător și puterea harului transformator al lui Dumnezeu am început să ne schimbăm încetul cu încetul, pe viață.

Având harul lui Dumnezeu ca temelie, să explorăm câțiva pași practici care ne duc la creșterea și schimbarea noastră zi de zi.

La revedere, viață veche! Bun venit, viață nouă!

Cândva am auzit o poveste despre o femeie care a trăit într-o zonă izolată a lumii. Nu văzuse niciodată o țară dezvoltată până atunci și nu avea idee cum arăta viața dincolo de satul ei. După ce niște misionari au ajuns la ea în sat, a devenit creștină și a mers în vizită în America. Când a ajuns acolo, și-a dat seama că hainele ei ponosite nu erau potrivite pentru viața din această țară nouă. Dar nu știa ce să poarte sau cum să cumpere haine noi. Cu puțin ajutor din partea noilor ei prieteni, a învățat să meargă la cumpărături și să se îmbrace potrivit cu stilul din America. Și-a dat jos hainele vechi, și-a pus haine noi și și-a dat seama cât de mult îi plac. Nu s-a mai întors la hainele ei vechi.

Nu s-a mai întors la hainele ei vechi.

Această poveste este o ilustrație minunată a felului în care Dumnezeu vrea să ne schimbe și să ne ajute să creștem în viața noastră de creștini. La fel ca hainele vechi de care scăpăm fiindcă nu ni se mai potrivesc, vom lepăda căile păcătoase și le vom înlocui cu stiluri noi, evlavioase de viață. Efeseni 4 ne oferă câțiva pași extraordinari spre creștere și schimbare: „Dar voi n-ați învățat așa pe Hristos; dacă, cel puțin, L-ați ascultat și dacă, potrivit adevărului care este în Isus, ați fost învățați cu privire la felul vostru de viață din trecut, să vă dezbrăcați de omul cel vechi care se strică după poftele înșelătoare și să vă înnoiți în duhul minții voastre și să vă îmbrăcați în omul cel nou, făcut după chipul lui Dumnezeu, de o neprihănire și sfințenie pe care le dă adevărul" (v. 20–24).

Unii au numit acest pasaj din Efeseni pasajul „dezbrăcat/îmbrăcat". Acesta conține un minunat ghid în trei pași – metoda „dezbrăcare/îmbrăcare" – către dezvoltare și schimbare. Atunci când l-a scris, Pavel a ales în mod intenționat o ilustrație legată de haine pentru a fi ușor de înțeles. Ca femei, ar trebui să îi mulțumim sincer lui Pavel pentru această analogie întru totul pe înțelesul nostru. Haine? Cumpărături? Sunt pe limba noastră. Cuvintele *a se dezbrăca* și *a se îmbrăca* se găsesc în literatura greacă pentru a descrie o persoană care se schimbă de haine. Referindu-se la acest pasaj, pastorul și autorul Steve Viars spune: „Dacă vrei să te dezvolți, trebuie să dai jos ceva și să pui altceva în loc. Asta facem când ne schimbăm hainele. De aceea numim acest lucru principiul înlocuirii."[5]

Indiferent cu ce te confrunți acum, această metodă biblică te poate ajuta să lași păcatul în urmă, să crești și să te schimbi. Această metodă a schimbat cu totul regulile jocului pentru noi două pe măsură ce am aplicat-o consecvent în viața noastră. Pe măsură ce ai încredere că harul lui Dumnezeu are puterea de a te schimba, acești trei pași practici te vor ajuta în parcursul tău.

Hai să îi parcurgem împreună.

Cum să crești și să te schimbi

Pe măsură ce citești metoda aceasta în trei pași, te încurajăm să o duci la un nivel personal, scriind răspunsurile tale în spațiile goale. Dacă iei în serios acești trei pași, vei învăța să fii o creștină care se dezvoltă armonios și a cărei viață este transformată. Așadar, ia un pix sau un creion acum și completează fiecare secțiune pe măsură ce le parcurgem.

Pasul 1: Dezbracă-te de fire (Ef. 4:22)

Primul pas spre schimbare este să identifici ce trebuie să se schimbe în viața ta. Așa cum scapi de hainele vechi, trebuie să îți propui în mod intenționat să scapi de eul tău vechi, lumesc. Fii concretă! La ce obiceiuri păcătoase trebuie să renunți? Ce gânduri desfrânate trebuie să lepezi din mintea ta? Scrie-le în spațiile de mai jos.

Exemplu:
Fantezii

Masturbare de mai multe ori pe săptămână

1. ____

____

____

2. ____

____

____

3. ____

____

____

În timp ce identifici manifestarea exterioară a păcatului tău, e important să recunoști că problema e cu mult mai profundă, în inima ta. Fiecare expresie a păcatului sexual este pur și simplu un rezultat al inimii tale care alege să își iubească *eul* mai mult decât pe Dumnezeu. Biblia numește acest lucru idolatrie (vezi Col. 3:5). Atunci când te complaci în păcat sexual, alegi să crezi minciuna că plăcerea păcătoasă este mai bună decât să Îl onorezi pe Cristos. De aceea, Efeseni nu se oprește spunându-ți doar *să te dezbraci* de faptele păcătoase; îți spune și să schimbi felul în care gândești despre păcat. Trebuie să vezi idolatria din spatele strădaniei de a-ți pune pofta carnală mai presus decât pe Dumnezeu, și, în schimb, să urmărești ce este bine și adevărat.

Pe măsură ce cauți să te dezbari de propriul tău comportament păcătos, trebuie să îți propui înadins să îți reînnoiești mintea și inima cu adevărul lui Dumnezeu. De vreme ce nu ai înțelepciune în tine sau în propriile puteri, ai nevoie de înțelepciunea sfântă a lui Dumnezeu.

Pasul 2: Reînnoiește-ți mintea cu adevărul (Ef. 4:23)

Pentru a crește și a-ți schimba felul în care gândești, trebuie să înveți și să crezi ceea ce este adevărat. Este esențial! Felul în care gândești va influența felul în care trăiești. În timp ce te uiți la secțiunea despre „dezbrăcare" de mai sus, identifică una sau mai multe minciuni specifice pe care le-ai crezut, care te-au împins în păcat (de ex.: alegerea aceasta îmi va aduce satisfacție durabilă, plăcerea momentană merită, nu e mare scofală etc.). Ce vrea Dumnezeu să crezi despre această minciună?

Reînnoirea minții cu adevărul va fi continuă, pe măsură ce studiezi Cuvântul lui Dumnezeu și înveți mai multe despre ce este bine și adevărat. Dar pentru moment, fă-ți timp și găsește cel puțin un verset care contraatacă o minciună/un păcat specific din cele de mai sus.

Exemplu:

> *Gândește-te la lucruri curate.* „Încolo, fraţii mei, tot ce este adevărat, tot ce este vrednic de cinste, tot ce este drept, tot ce este curat, tot ce este vrednic de iubit, tot ce este vrednic de primit, orice faptă bună şi orice laudă, aceea să vă însufleţească" (Flp. 4:8).

> *Folosește trupul tău pentru sfințenie și onoare.* „Voia lui Dumnezeu este sfinţirea voastră: să vă feriţi de curvie; fiecare din voi să ştie să-şi stăpânească vasul în sfinţenie şi cinste, nu în aprinderea poftei, ca neamurile, care nu cunosc pe Dumnezeu" (1 Tes. 4:3–5).

1. ____

____

____

2. ____

____

____

3. ____

____

____

Să înveți să îți reînnoiești mintea cu adevăruri specifice din Cuvântul lui Dumnezeu este un pas esențial în metoda „dezbrăcării/îmbrăcării". Pe măsură ce înveți și crezi adevărul lui Dumnezeu, inima ta se va transforma, iar afecțiunea ta se va îndrepta înspre iubirea lui Cristos înainte de orice.

Pasul 3: Îmbracă-te cu neprihănire (Ef. 4:24)

Până acum, ai identificat ce alegeri păcătoase și minciuni subtile trebuie să dezbraci. Ai descoperit adevăruri din Cuvântul lui Dumnezeu care te ajută să îți reînnoiești mintea și să gândești biblic. Acum este timpul să aplici adevărul, îmbrăcându-te cu neprihănire: „şi să vă îmbrăcaţi în omul cel nou, făcut după chipul lui Dumnezeu, de o neprihănire şi sfinţenie pe care le dă adevărul" (Ef. 4:24). Nu este suficient să nu mai faci ceva greșit. În schimb, trebuie să începi să faci ceva corect din proprie inițiativă. Termenul *omul cel nou* se referă la identitatea ta nouă în Cristos. Nu mai ești sclav al păcatului, fiindcă Cristos te-a eliberat. Acest verset te cheamă să te îmbraci cu neprihănirea lui Dumnezeu în viața de zi cu zi.

Pe măsură ce te uiți la primele două secțiuni, ce pași concreți trebuie să faci pentru a te îmbrăca cu adevăr și neprihănire? Cum ar arăta pentru tine să duci o viață care Îl onorează pe Dumnezeu în fiecare dintre aceste aspecte? Scrie răspunsurile tale în spațiile de mai jos, în oglinda primelor două secțiuni.

Exemplu:

> Memorez versete specifice despre puritate și mă gândesc la ele pe parcursul zilei. Ori de câte ori un gând desfrânat îmi răsare în minte, îmi redirecționez gândurile, meditând la versete, rugându-mă sau gândindu-mă la ceva pur.
>
> Cer în fiecare zi puterea lui Dumnezeu de a-mi folosi trupul pentru sfințenie, slujind și iubind oamenii. Mă voi strădui să mă mențin ocupată, făcând lucruri bune și curate

(ex.: citesc din Biblie înainte de culcare, ascult mesaje audio despre Cristos, mă rog până adorm etc.) în acele momente în care, de obicei, sunt ispitită să mă masturbez.

1. ______________________________

____

____

2. ______________________________

____

____

3. ______________________________

____

____

Îmbrăcarea cu *omul cel nou* va fi o preocupare zilnică și permanentă. Va fi nevoie de intenție, disciplină și o dependență smerită de harul transformator al lui Dumnezeu.

Creșterea și schimbarea unui creștin nu ar trebui să fie o căutare misterioasă. Dumnezeu ne-a dat Efeseni 4 pentru a ne ajuta să urmărim neprihănirea în viețile noastre. Atunci când ne dezbrăcăm de păcatele noastre, ne reînnoim mințile cu adevărul și ne îmbrăcăm cu neprihănire, Dumnezeu ne va ajuta să ne maturizăm și să avem o atitudine diferită în *orice* luptă cu păcatul.

Călătoria nu este un sprint — este un maraton

Când noi două ne uităm la trecutul nostru, suntem sincer încurajate de ceea ce vedem. Nu mai suntem cine eram înainte! Dumnezeu ne-a schimbat și ne-a ajutat să ne maturizăm. Ne-a ajutat să învingem tot felul de lupte păcătoase. Când ne uităm în trecut, credincioșia lui Dumnezeu ne dă energia pentru viitor. Cu siguranță, încă ne vom lupta des cu ispitele și nu vom trăi perfect, dar, prin puterea harului lui Dumnezeu, suntem eliberate de obiceiul de a păcătui sexual.

Nu uita, pe măsură ce înaintezi în libertatea ta în Cristos, călătoria spre creștere spirituală și maturitate nu e un sprint, ci un *maraton*. Este o cursă pe termen lung în care alergi fiecare kilometru cu devotament. Este o căutare zilnică de a-L iubi pe Isus și a te închina Lui din ce în ce mai mult. Este o decizie ceas de ceas de a te încrede în harul și puterea lui Dumnezeu. Este o alegere clipă de clipă de a respinge tentația și, în schimb, a urmări neprihănirea.

Dacă ești atletă, această analogie ți se potrivește foarte bine. Știi că e nevoie de disciplină și perseverență pentru a fi un atlet de succes. Eu (Bethany) am participat la primul meu maraton acum câțiva ani. A fost unul dintre cele mai grele lucruri pe care le-am făcut vreodată, dar mă bucur că am făcut acest lucru, fiindcă m-a ajutat să înțeleg mai bine ce înseamnă să alergi cu credincioșie în viața de creștin. Oricât de provocator a fost să alerg la maraton, m-a ajutat să înțeleg mai bine metafora spirituală a alergării cu perseverență, care se găsește în Cuvântul lui Dumnezeu:

> „Și noi, dar, fiindcă suntem înconjurați cu un nor așa de mare de martori, să dăm la o parte orice piedică și păcatul care ne înfășoară așa de lesne și să alergăm cu stăruință în alergarea care ne stă înainte. Să ne uităm țintă la Căpetenia și Desăvârșirea credinței noastre, adică la Isus, care, pentru bucuria care-I era pusă înainte, a suferit crucea, a disprețuit rușinea și șade la dreapta scaunului de domnie al lui Dumnezeu" (Evr. 12:1–2)

La fel ca într-o cursă fizică, suntem chemate să alergăm în cursa vieții cu perseverență, fiindcă viața nu este ușoară. Unele zile vor fi provocatoare. Vom da de piedici și eșecuri. Scopul nu este să trăim o viață perfectă, ci să Îl urmăm pe Cristos cu credincioșie.

Scopul nu este să trăim o viață perfectă, ci să Îl urmăm pe Cristos cu credincioșie.

În timp ce alergi în cursa vieții, ține ochii țintă la Isus. Propunându-ți în inima ta să te închini Lui, vei avea energie continuă în călătoria ta. Caută la El puterea de care ai nevoie, până la capăt. Caută la El umplerea cu bucurie în timp ce alergi. Caută la El împlinirea mai mult decât orice împlinire sexuală. Pune-ți viața, speranța și viitorul în mâinile Lui și spune: „Doamne, ajută-mă să alerg cu perseverență în fiecare zi, pentru gloria Ta." Pe măsură ce vei avea încredere în El mai profund și Îl vei căuta tot mai mult, El îți va da exact ce ai nevoie.

Și dacă vei avea nevoie vreodată de energie în plus, îți recomandăm o cafea Mocha.

14. ÎN SFÂRȘIT, ÎMPLINITĂ

Noi două ne-am luat prosoapele de plajă și ne-am îndreptat spre mașină. Cu mama la volan și cele trei surori mai mici în spate, am închis portiera și ne-am îndreptat spre râu. În mintea noastră, nimic nu era mai plăcut decât să petrecem o zi fierbinte de vară texană înotând în râul Guadalupe. Ne plăcea să petrecem timp acolo, să ne bronzăm, să ne relaxăm pe plută și să discutăm ca între surori, toată ziua. Era nemaipomenit.

După vreo treizeci de minute de mers cu mașina peste dealurile statului Texas, am ajuns la râu. Noi, copiii, am sărit imediat din mașină și ne-am rezervat locul pe malul râului. Din acel moment, nu trebuia decât să ne odihnim și să ne relaxăm.

Spre sfârșitul zilei, după ce soarele ne-a schimbat pielea albă într-un bronz plăcut, eu (Bethany) am simțit brusc un gol în stomac. Mi-am dat seama că, în ziua aceea, am uitat să îmi dau jos lănțișorul preferat de argint înainte să plec din casă.

Am dus mâna la gât. Nici urmă de lănțișor. Am fugit repede la geanta mea de plajă și am răscolit prin toate lucrurile mele. Nici urmă. În următoarele câteva ore, am bătut plaja în lung și în lat, de nenumărate ori. Eram hotărâtă să fac orice era nevoie pentru a-mi găsi lănțișorul. Din păcate, ziua a trecut repede. Nici urmă de lănțișor în continuare. Îl pierdusem. De tot.

Drumul spre casă a fost trist pentru mine. Am fost nevoită să accept că îmi pierdusem lănțișorul preferat în râu și nu mai puteam face nimic ca să îl găsesc.

Stând în mașină și regretând-mi pierderea, un pasaj din Scriptură, pe care îl memorasem în luna aceea, mi-a venit în minte dintr-odată.

> „Mai mult prețuiește pentru mine legea gurii Tale,
> decât o mie de lucruri de aur și de argint." (Ps. 119:72)

Gândul că Cristos este mai prețios și mai satisfăcător decât mii de lucruri de argint și aur se auzea într-un mod nou în urechile mele. Mii de lucruri înseamnă mult și valorează mulți bani. Iar Cristos ar trebui să fie mai prețios pentru mine decât toate acestea.

Mă întrebam: „Când L-am văzut pe Dumnezeu la fel de valoros ultima oară? Este sufletul meu atât de împlinit în Cristos, încât să mi-L doresc mai mult decât orice?" Senzația de vinovăție a început să-mi cuprindă încetișor inima. Când m-am oprit și am comparat dragostea mea pentru acel lănțișor de argint cu dragostea mea pentru Dumnezeu, competiția nu era prea acerbă. Nu Îl vedeam pe Dumnezeu atât de prețios. Nu Îl vedeam mai valoros decât aurul sau argintul. Nu eram împlinită total în El.

Dumnezeu a folosit acel lănțișor de argint pentru a mă schimba în multe feluri. Am vrut ca acele cuvinte din Psalmul 119 să fie adevărate pentru mine. Îmi doream să Îl iubesc pe Dumnezeu mai mult decât argintul sau aurul. Îmi doream să Îl iubesc pe El mai mult decât pe cea mai prețioasă bijuterie a mea. Îmi doream să Îl iubesc pe El mai mult decât pe

Îmi doream să Îl iubesc pe Dumnezeu mai mult decât argintul sau aurul.

oricine sau orice în viața mea. Îmi doream ca inima mea să se reverse de dorința de a-mi prețui Mântuitorul. Îmi doream să găsesc împlinirea totală în El.

Desfătări veșnice

Noi, femeile, căutăm împlinirea în multe lucruri. În bani, bijuterii, sex, fitness, căsătorie, bărbați, bogății... și lista poate continua. Căutăm aceste lucruri cu speranța că vom găsi pace adevărată. Bucuria adevărată. Împlinirea adevărată. Dar nu le găsim niciodată. Nici măcar cel mai atrăgător trup sau cel mai atrăgător partener nu ne pot aduce împlinire adevărată. De fapt, nimic de pe acest pământ nu ne poate împlini vreodată, fiindcă am fost creați pentru altceva.

Phillip Holmes a făcut următoarele observații despre planul lui Dumnezeu pentru noi:

> Am fost creați să nu căutăm doar plăcerea banală. Adevărul neplăcut este că nu vom găsi niciodată eliberare dacă vom continua să o căutăm în posesiuni și în oameni. Căutarea împlinirii în lucrurile acestei lumi este goană după vânt. După ce căutarea te epuizează și te stoarce de orice vlagă, rămâi cu mâinile goale și dezamăgită. Ai irosit timp prețios gonind după nimic, când ai fi putut căuta pacea și bucuria adevărate.[1]

John Piper continuă acest gând cu aceste detalii:

> Dumnezeu este fântâna bucuriei, fiindcă este orbitor de glorios, infinit de valoros, frumos de îți taie respirația, are o putere extraordinară, înțelepciune de nepătruns, cunoaștere fără limite, este cald și milos, înfricoșător la mânie, sursa și temelia oricărui adevăr, bunătate și frumusețe. Atunci când Îl vedem așa cum e și întoarcem spatele tuturor puțurilor

crăpate ale acestei lumi, care nu ne pot potoli setea (Ier. 2:13), găsim „ o bucurie negrăită și strălucită" (1 Pet. 1:8).[2]

Găsirea împlinirii în Cristos trebuie să fie preocuparea noastră cea mai importantă. Dacă vrem să avem parte de plăcerile adevărate pe care Cristos ni le poate da, trebuie să le căutăm la El.

„Înaintea feței Tale sunt bucurii nespuse
și desfătări veșnice în dreapta Ta."
(Ps. 16:11)

Acest verset descrie tot ce ne dorim noi, de fapt. Ne dorim bucurie din plin. Ne dorim desfătări veșnice. În Cristos, aceste lucruri devin realitatea noastră.

În ultimii ani, noi două am continuat să învățăm despre necesitatea absolută de a-L prețui pe Cristos înainte de orice altceva în viețile noastre. Am ajuns să înțelegem că Dumnezeu este cu adevărat mai satisfăcător decât orice are de oferit lumea aceasta.

Cel mai important lucru

Deși sexualitatea noastră e parte integrantă din identitatea noastră, Dumnezeu nu a intenționat niciodată să fie preocuparea noastră principală. Așa cum am discutat în capitolele de început, designul nostru sexual își propune să ne arate profunzimea dragostei lui Dumnezeu pentru noi. E menit să ne arate cât de mult Îi pasă de noi și cât de mult ar trebui să Îl iubim noi pe El drept rezultat. Atunci când nu mai putem să Îl prețuim pe Dumnezeu și nu mai putem găsi fericirea totală în El, ratăm esențialul.

Este la fel de important să înțelegem că planul lui Dumnezeu pentru sexualitatea noastră nu înseamnă să facem mai bine, să ne străduim mai mult sau să scăpăm de lucrurile imorale din viețile noastre. Dacă facem toate acele lucruri „bune", dar nu reușim să avem o relație personală cu Cristos, vom fi trecut cu vederea cel mai important lucru. Nu putem să ne lăsăm prinse până peste cap în eforturile noastre, încât să Îl neglijăm pe Cel pe care ar trebui să Îl prețuim de fapt.

Cu cât ne uităm mai mult la Cristos, cu atât mai ușor ne va fi să împlinim planul Lui pentru sexualitatea noastră. Dacă vrem să devenim femei care înving obiceiurile păcătoase și pășesc pe culmile libertății și purității, trebuie să învățăm să Îl prețuim pe Cristos mai presus de orice.

El e singurul care ne poate împlini cu adevărat.

Prețuirea lui Cristos = împlinire

Deși prețuirea lui Cristos este cel mai important lucru pe care îl putem face în viețile noastre, să înveți cum să faci acest lucru poate părea deseori puțin derutant. S-ar putea să te întrebi ce înseamnă de fapt să Îl prețuiești pe El. Gândește-te în felul următor: Atunci când prețuiești o altă persoană, îți pasă foarte mult de ea. Iubești acea persoană și tânjești să fii împreună cu ea. Prețuiești timpul petrecut împreună și îți place să comunici cu ea.

Așa Îl prețuim și noi pe Cristos.

Ne pasă de El foarte mult. Îl iubim. Tânjim să fim cu El. Prețuim timpul petrecut cu El și ne place să stăm de vorbă cu El. Știm că putem găsi bucurie din plin și desfătări veșnice în prezența Sa, așadar facem tot ce putem ca să fim aproape de El. Aceasta este esența prețuirii lui Cristos. Înțelegem că prețuindu-L pe El, găsim împlinirea după care tânjește sufletul nostru cu adevărat.

Acum, noi două vă vom împărtăși câteva moduri în care am descoperit că Îl prețuim pe Cristos.

Prețuiește-l pe Cristos închinându-te Lui prin muzică

Închinarea față de Dumnezeu prin muzică este o modalitate extraordinară de creștere a afecțiunii noastre pentru El și pentru a fi în prezența Lui. Noi, femeile, de cele mai multe ori trăim pe grabă și nu ne facem timp pentru acest aspect important al închinării față de Dumnezeu. Preocuparea de a-I cânta cântece de laudă lui Cristos ne împrospătează viața.

Este un imn vechi intitulat „Sfânt ești, sfânt ești, sfânt ești" cu care noi două am crescut în biserică. Iată câteva strofe care nouă ne plac foarte mult:

> Sfânt ești, sfânt ești, sfânt ești, Dumnezeu puternic
> Chiar din zorii dimineții Te slăvesc și-Ți cânt;
> Sfânt ești, sfânt ești, sfânt ești, bun, milos și darnic,
> Doamne, ești veșnic: Tată, Fiu, Duh Sfânt.
>
> Sfânt ești, sfânt ești, sfânt ești, Domn Atotputernic,
> Tot ce ai creat Te laudă-n cer și pe pământ;
> Sfânt ești, sfânt ești, sfânt ești, bun, milos si darnic,
> Doamne, ești veșnic: Tată, Fiu, Duh Sfânt.[3]

Poți accesa mii de imnuri extraordinare și cântece moderne de închinare pe internet pentru a-L prețui pe Cristos în acest mod extraordinar.

Prețuiește-L pe Cristos rugându-te după Scriptură

Să stai de vorbă cu Dumnezeu în rugăciune este un mod extraordinar de a-L iubi mai mult. E cu adevărat incredibil că Dumnezeul universului dorește să comunice cu fiecare dintre noi. Lui Îi pasă profund de noi și vrea să stea de vorbă cu noi.

Rugăciunea din Scriptură este unul dintre cele mai ușoare lucruri pe care le putem face pentru a începe să avem o inimă care Îl prețuiește pe Cristos. Atunci când te rogi din Scriptură, nu trebuie să te gândești la cele mai potrivite cuvinte sau să formezi cele mai bune propoziții. Poți folosi Biblia în acest scop.

Cartea Psalmi este minunată pentru început. Alege un pasaj și începe să citești verset cu verset. În timp ce citești, gândește-te că sunt cuvintele tale. Ia o pauză acum și exersează rugăciunea din Scriptură cu ajutorul următoarele două pasaje:

> „Cum dorește un cerb izvoarele de apă,
> așa Te dorește sufletul meu pe Tine, Dumnezeule!
> Sufletul meu însetează după Dumnezeu, după Dumnezeul cel viu;
> când mă voi duce și mă voi arăta înaintea lui Dumnezeu?"
> (Ps. 42:1–2)

> „Binecuvântează, suflete, pe Domnul
> și tot ce este în mine să binecuvânteze Numele Lui cel sfânt!
> Binecuvântează, suflete, pe Domnul
> și nu uita niciuna din binefacerile Lui!
> El îți iartă toate fărădelegile tale,
> El îți vindecă toate bolile tale,
> El îți izbăvește viața din groapă,
> El te încununează cu bunătate și îndurare;
> El îți satură de bunătăți bătrânețea
> și te face să întinerești iarăși ca vulturul."
> (Ps. 103:1–5)

În timp ce te rogi din Psalmul 42:1–2, roagă-L pe Dumnezeu să îți mărească și să-ți adâncească dorința și dorul tău după El. Folosind Psalmul 103:1–5, mulțumește-I lui Dumnezeu pentru tot ceea ce este El și continuă să fie în viața ta. Roagă-te cu fiecare verset, potrivindu-l cu viața și circumstanțele tale.

Prețuiește-L pe Cristos în jurnalul tău de rugăciuni

Jurnalul de rugăciuni este un mod excelent de a-ți pune gândurile pe hârtie și de a te ajuta să îți urmărești rugăciunile. Dintotdeauna me-a plăcut să facem însemnări în jurnale. În copilărie, notam în jurnal fiecare aspect al vieții noastre. Indiferent ce se întâmpla într-o anumită zi, găseam ceva despre care să scriem. Am luat ideea aceasta și am folosit-o și în viața noastră de rugăciune.

Fiecare am avut câte un „jurnal de rugăciuni". În ele, ne notăm rugăciunile, pasaje din Scriptură, citate bune și diverse adevăruri pe care le-am învățat.

Dacă nu ai avut niciodată un jurnal de rugăciune, te încurajăm să începi unul. Ia-ți un jurnal sau un carnețel (nu trebuie să fie pretențios) și scrie-ți în el rugăciunile. Roagă-te pentru tine, pentru alții, căiește-te de orice păcat, scrie laude sau orice până când nu îți mai vine nimic în minte. Un jurnal de rugăciune în cadrul timpului tău de meditație este un mod uimitor de a-ți îmbunătăți viața de rugăciune.

În sfârșit, împlinite în Cristos

Dacă îți dorești cu adevărat bucurii din plin și desfătări veșnice, trebuie să vii în prezența lui Dumnezeu. Nicio bogăție lumească nu îți poate da ceea ce inima ta are nevoie cu adevărat. Nicio plăcere sexuală nu îți poate împlini tânjirile sufletului, care ți-a fost dăruit de însuși Dumnezeu. Trebuie să Îl prețuiești pe Cristos și să găsești împlinire în El. Nu există scurtături sau pasaje secrete care duc la acest lucru. Trebuie doar să începi să lucrezi și să dezvolți o relație cu Mântuitorul tău. El este răspunsul la toate dorințele inimii tale. El este răspunsul la cele mai profunde năzuințe ale tale. El este răspunsul la strigătul tău după împlinire. Scriitorul Phillip Holmes spune: „Isus ne întrece așteptările, are grijă de nevoile noastre și ne împlinește dorințele. Numai Cristos ne poate oferi împlinirea și bucuria pe care le căutăm cu atâta disperare."[4]

Nicio bogăție lumească nu îți poate da ceea ce inima ta are nevoie cu adevărat.

15. SEXUALITATE RĂSCUMPĂRATĂ

— Revista a dispărut! mi-a șoptit Bethany panicată.

Trecuseră câteva zile de la momentul fatidic când ochii noștri atât de cruzi văzuseră imagini pornografice pentru prima dată.

— Serios, nu mai e acolo!

Șocată de vestea aceea neașteptată, am alergat spre cutia poștală a vecinilor. În timp ce Bethany venea în urma mea, ne holbam amândouă la grămada noastră de pământ. Apropiindu-ne, ne-a fost foarte clar că revista dispăruse. Cineva o dezgropase.

Scrutând împrejurimile, nu am văzut nimic neobișnuit. Apoi, uitându-ne una la alta, Bethany a întrebat rapid:

— De ce ar vrea cineva revista aceea?

— Nu știu, am răspuns nedumerită.

În timp ce ne întorceam acasă, amândouă ne întrebam ce se întâmplase.

Pe măsură ce au trecut zilele și săptămânile, revista dispărută a rămas un mister. Nu am descoperit niciodată cine a luat-o. Oricât de curioasă ni s-a părut această întorsătură de situație, a fost o eliberare că a dispărut. Nu mai voiam să vedem acele imagini ciudate niciodată.

La cei opt, respectiv zece ani pe care îi aveam, nu știam nimic încă despre pornografie. Nu știam ce este pofta carnală. Nu știam multe despre sex. În lumea noastră mică și inocentă, nu aveam idee că acele pagini ponosite și murdare, frunzărite de vânt erau doar o fărâmă din lumea cea mare care ne înconjura. Călătoria noastră sexuală era abia la început.

Așa cum am discutat pe parcursul acestei cărți, fiecare dintre noi suntem într-o călătorie sexuală unică. Fiecare am văzut cum corupe sexualitatea, într-un fel sau altul. Poate că ție ți s-a întâmplat când erai și mai mică decât noi. Poate ai fost agresată sexual. Poate ai dat peste conținut explicit online. Poate că ai descoperit masturbarea la o vârstă fragedă. Poate ai experimentat lucruri nedorite în casa ta.

Indiferent când a început călătoria ta, atâta știu: de când erai mică și până acum, sexualitatea ta a fost influențată de păcatul din inima ta și de mediul din jurul tău. Din păcate, nimeni nu scapă. Suntem toate corupte sexual, într-un fel sau altul. Dar, așa cum am văzut în această carte, povestea nu se termină aici. Călătoria nu s-a încheiat.

Oricât de dureroasă, dificilă, rușinoasă sau tristă este experiența ta, ea nu are ultimul cuvânt. Experiențele tale sexuale ți-au *influențat* viața, dar ele nu te definesc. O singură persoană are autoritatea să te definească, iar acesta este Isus Cristos. El are ultimul cuvânt de spus. Dacă Îl mărturisești pe Isus ca Domn și Mântuitor, ești fiica Regelui Preaînalt, iar valoarea și prețul tău decurg din El, nu din ceea ce ai făcut sau ți s-a făcut.

Jon Bloom, autorul blogului Desiring God explică acest lucru foarte frumos:

> Un singur adăpost ne oferă protecția pe care o căutăm, unde toată rușinea noastră este acoperită și nu mai trebuie să ne fie teamă: refugiul lui Isus Cristos (Evr. 6:18–20). Moartea și învierea lui Isus sunt singurul remediu pentru rușinea pe care o simțim din cauza faptelor noastre păcătoase regretabile

> (Evr. 9:26). Nu avem unde să mergem cu păcatul nostru în altă parte; nu există altă ispășire (Fapte 4:12). Dar dacă ne ascundem în Isus, El ne oferă o curățire perfectă (1 Ioan 1:9). Și atunci când acest lucru se întâmplă, toate promisiunile lui Dumnezeu, care își găsesc aprobarea în Cristos (2 Cor. 1:20), devin ale noastre, dacă le credem și le primim.[1]

Este o imagine incredibilă a noii tale identități în Cristos.

Indiferent cum a început călătoria ta spirituală, este timpul să pășești în libertatea și harul pe care ți le oferă Cristos. Isus este specialist în restaurări.

Este timpul să pășești în libertatea și harul pe care ți le oferă Cristos.

O viață zdrobită este înnoită

Întorceau dezgustați capul ori de câte ori trecea pe lângă ei. Le era scârbă chiar și să se uite la ea, iar ea știa acest lucru. Cu capul în jos, s-a grăbit să treacă de ei. Știa prea bine ce se întâmpla. În timp ce lacrimile îi curgeau pe obraji, a grăbit pasul. Trebuia să ajungă în casa aceea.

După câteva minute prin mulțime și străzile înguste, în sfârșit a văzut-o. Luminile străluceau înăuntru. Mirosul de pâine proaspăt prăjită se simțea de afară. Oprindu-se ca să își șteargă fața, a inspirat adânc. A ezitat. „Să îndrăznesc să intru neinvitată... aici, din toate locurile?" Frica i-a cuprins inima ca o gheară. Dar era singura ei șansă. Trebuia să continue. Împingând ușile mari de lemn, a tras cu ochiul înăuntru. Încăperea era plină de oameni care mâncau împreună și discutau. Scrutând mulțimea, a simțit cum o copleșesc emoțiile. „Unde e El? Unde e?" În timp ce inima îi bătea mai tare, L-a zărit în cele din urmă în capătul celălalt al sălii. Cu capul în pământ, s-a grăbit să traverseze camera, fără să privească pe nimeni. Nu era un loc primitor pentru femei ca ea. Iar ea știa acest lucru. Dar era disperată. Apropiindu-se de Bărbatul pe care venise să Îl vadă, au podidit-o lacrimile pe nesimțite. Nu se putea abține.

Prea rușinată ca să Îl privească în ochi, a căzut la picioarele Lui și a suspinat. Dintr-odată, s-a făcut tăcere în toată încăperea. Toți ochii erau ațintiți asupra vizitatoarei neașteptate.

„Ce face aici? Cum îndrăznește să intre în casa asta? Nu știe că prostituatele nu sunt binevenite aici?"

În încăpere domnea liniștea. Dar asta nu a oprit-o. În timp ce lacrimile îi scăldau obrajii, a deschis o sticlă de parfum. A turnat licoarea pe picioarele Lui murdare și I-a șters picioarele cu părul ei. Văzând-o, li s-a tăiat tuturor respirația. Isus s-a uitat la ea, cu ochi plini de milă și dragoste. A fost mișcat de suferința ei și de smerenia autentică.

Cu toate acestea, privitorii erau dezgustați și se întrebau cum *El*, dintre toți oamenii, putea permite așa ceva. Șocat, unul dintre bărbații dezamăgiți și-a zis în sinea lui: „Omul acesta, dacă ar fi un proroc, ar ști cine și ce fel de femeie este cea care se atinge de El: că este o păcătoasă" (Luca 7:39).

Isus, care știa toate lucrurile, a ridicat privirea și s-a uitat direct în ochii omului care a zis acest lucru și i-a zis:

> „Vezi tu pe femeia aceasta? Am intrat în casa ta și nu Mi-ai dat apă pentru spălat picioarele, dar ea Mi-a stropit picioarele cu lacrimile ei și Mi le-a șters cu părul capului ei. Tu nu Mi-ai dat sărutare, dar ea, de când am intrat, n-a încetat să-Mi sărute picioarele. Capul nu Mi l-ai uns cu untdelemn; dar ea Mi-a uns picioarele cu mir. De aceea îți spun: «Păcatele ei, care sunt multe, sunt iertate, căci a iubit mult. Dar cui i se iartă puțin iubește puțin»." (Luca 7:44–47)

Isus S-a uitat apoi la femeia cu inima zdrobită, care stătea la picioarele Lui plângând și i-a spus cu multă dragoste: „Credința ta te-a mântuit; du-te în pace" (Luca 7:50).

Isus este Mântuitorul nostru. El este Răscumpărătorul nostru. El oferă har și iertare păcătosului care se căiește. El arată milă celor corupți sexual. El manifestă compasiune față de cei disprețuiți. El îi iubește pe cei nevrednici de iubire și îi atinge pe cei de neatins. El iartă și curăță rușinea din trecutul nostru, dându-ne un viitor răscumpărat. El acoperă păcatul nostru cu neprihănirea Lui. Nicio femeie nu este prea depravată sexual sau prea departe, încât dragostea și iertarea lui Isus să nu o poată răscumpăra.

Găsește întregirea în Isus

Povestea prostituatei este una dintre cele mai frumoase ilustrații despre răscumpărare din Biblie. Ea a fost o femeie cu inima zdrobită, care s-a căit, L-a iubit pe Isus și a găsit iertare la picioarele Mântuitorului ei. Ani de zile a căutat dragostea și împlinirea în locuri greșite. A încercat să-și împlinească dorințele de intimitate prin relații cu bărbați, care nu voiau decât să se folosească de ea. Era dărâmată și suferea. Tânjea după dragoste adevărată. După *viață* adevărată.

Copleșită și epuizată de păcatul ei, ea a auzit despre Mântuitorul pe nume Isus, care a oferit speranță celor cu inima zdrobită. Nu mai auzise niciodată despre un astfel de om. El primea păcătoșii. El arăta compasiune și dragoste femeilor. El ierta oamenii imorali. El oferea ceva pe nume apă vie. El era exact împlinirea după care tânjea sufletul ei. Totul în inima ei jinduia să Îl cunoască pe Isus. În adâncul inimii ei, râvnea să Îl cunoască și să găsească iertarea pentru trecutul ei și eliberare pentru viitor.

Împinsă de dragostea ei pentru Mântuitorul, a pornit într-o misiune curajoasă de a-L găsi. A fost dispusă să suporte critica și batjocura celorlalți. A fost suficient de curajoasă, încât să spargă barierele sociale. A ales să se umilească și să facă orice ca să Îl caute pe Isus. A recunoscut în cele din urmă idolii plăcerii personale și ai închinării înaintea eului și a ales să îi dea pentru relația cu Mântuitorului ei. Pentru prima dată în viața ei, ea L-a dorit pe Isus înainte de orice altceva.

Povestea adevărată a prostituatei este un exemplu puternic a ceea ce înseamnă să cauți din toată inima iertarea, restaurarea și întregirea în Isus. Asta își dorește Dumnezeu pentru fiecare dintre noi, să Îl iubim mai mult decât orice altceva. Luca 10:27 spune: „Să iubești pe Domnul, Dumnezeul tău, cu toată inima ta, cu tot sufletul tău, cu toată puterea ta și cu tot cugetul tău și pe aproapele tău ca pe tine însuți." Așa cum a vrut și pentru femeia prostituată, Dumnezeu vrea ca fiecare dintre noi să venim la El cu căință și smerenie, dorindu-ne uniunea cu El mai mult decât orice. El vrea să dăm la schimb plăcerile ieftine ale acestei lumi pentru o relație cu El, care ne umple sufletul.

Așa cum Isus a iubit și a primit această femeie coruptă sexual, despre care citim în Noul Testament, El încă primește și azi femeile corupte sexual. Așa cum i-a dat prostituatei o identitate nouă și un nou început, El face același lucru pentru noi azi. Isus îi primește pe cei suferinzi. El îi cheamă la El pe cei obosiți. El ia ceea ce este zdrobit și spulberat și îl întregește. Coruperea noastră nu ne face inutili în ochii lui Dumnezeu; dimpotrivă, devenim o imagine frumoasă a harului Său uimitor.

El ne dă o cunună împărătească, în loc de cenușă

Biblia e plină de povești frumoase în care Dumnezeu transformă oamenii zdrobiți în oameni răscumpărați, pentru gloria Lui. Ascultă cuvintele acestea pline de speranță, pe care profetul Isaia le-a scris pentru Israel:

> „Duhul Domnului Dumnezeu este peste Mine, căci Domnul M-a uns să aduc veşti bune celor nenorociți: El M-a trimis să vindec pe cei cu inima zdrobită, să vestesc robilor slobozenia şi prinşilor de război izbăvirea; să vestesc un an de îndurare al Domnului şi o zi de răzbunare a

Dumnezeului nostru; să mângâi pe toți cei întristați; să dau celor întristați din Sion, să le dau *o cunună împărătească, în loc de cenușă,* un untdelemn de bucurie, în locul plânsului, o haină de laudă, în locul unui duh mâhnit, ca să fie numiți terebinți ai neprihănirii, un sad al Domnului, ca să slujească spre slava Lui." (Is. 61:1–3, s.a.)

Dumnezeul care a adus restaurare copiilor Lui atunci este același Dumnezeu care Își restaurează și azi copiii. El ne dă o cunună împărătească cu har și dragoste, în loc de cenușă, pentru gloria Lui.

Azi, când Dumnezeu se uită la fiicele Lui răscumpărate, El nu vede femei condamnate, acoperite de rușine; El vede femei iertate, îmbrăcate în neprihănirea lui Cristos (vezi 2 Cor. 5:21). Dragostea lui Dumnezeu pentru tine este hotărâtă nu de faptele tale, ci de ale Lui (vezi Rom. 5:8). Tu ești vrednică datorită Mântuitorului tău vrednic, care te numește a Lui (vezi Gal. 4:4–7). Tu ești frumoasă datorită chipului frumos al Creatorului, pe care îl porți (vezi Gen. 1:27).

Tu ești vrednică datorită Mântuitorului tău vrednic, care te numește a Lui.

Așa cum prostituata L-a iubit pe Isus mai presus de orice și a venit la El pentru a găsi vindecare și iertare, și noi putem face același lucru azi. Isus a spus: „Veniți la Mine, toți cei trudiți și împovărați, și Eu vă voi da odihnă" (Mat. 11:28). Vino la Isus. El îți va da odihnă. În liniștea inimii tale, ia-ți un moment în care să vii înaintea Mântuitorului în rugăciune. Varsă-ți inima înaintea Lui cu orice nevoie ai (ex.: pune-ți încrederea în Isus pentru mântuire; rededică-ți viața lui Cristos; pocăiește-te și caută iertarea; laudă-L pe Dumnezeu pentru credincioșia Lui față de tine etc.). Am scris această rugăciune pentru a te ajuta să începi.

Tată din ceruri,

Îți mulțumesc că îmi arăți dragoste și har necondiționate. Îți mulțumesc că îmi ierți toate păcatele din trecut, spălându-le și curățindu-le în sângele Fiului Tău. În Tine am un nou început. În Tine sunt răscumpărată și întregită. În Tine sunt fiica prețioasă a Dumnezeului celui Preaînalt. Ajută-mă să umblu în identitatea mea nouă. Ajută-mă să Îți cedez toată viața mea Ție și să umblu pe calea neprihănirii și a sfințeniei. Ajută-mă să caut să dobândesc o inimă pură și o viață liberă de păcatul sexual. Doamne, tânjesc să mă închin Ție mai presus de orice. Adâncește dragostea mea pentru Tine. Întărește-mi inima în călătoria care îmi stă în față. Numai Tu meriți adorarea mea. Fie ca viața mea să fie o ofrandă adusă ca laudă Ție. În tot ce fac, ajută-mă să trăiesc pentru gloria Ta și numai a Ta. Te iubesc!

Fiica Ta răscumpărată,

____

Un viitor frumos

Pe măsură ce începi un capitol nou în călătoria ta, ne rugăm pentru tine, draga noastră. Lasă-te atrasă de harul iertător și transformator al lui Dumnezeu și acceptă-l. Crede-l! Ai încredere în El. În tot ce facem, ne rugăm să mergi pe calea adevăratei libertăți sexuale. Ne rugăm să alegi curajoasă calea sfințeniei, a purității, a adevărului. Ne rugăm să cauți dragostea Domnului cu *toată* inima ta, cu *tot* sufletul tău, cu *toată* puterea ta și cu *toată* mintea ta (vezi Luca 10:27).

Dumnezeu ne cheamă să perseverăm în speranță. Să ne luptăm în dependență umilă de El. Deși nu vom fi niciodată perfecte aici, pe pământ, suntem chemate să trăim ca femei răscumpărate aici, pe pământ, pentru a fi o reflectare frumoasă a Celui ce ne face întregi.

Oricât de grea ar fi viața pe acest pământ uneori, lupta merită. Tot ce facem pe acest pământ nu face decât să ne pregătească pentru ce va veni: eternitatea cu Isus. Metaforele spirituale despre care am vorbit în cartea aceasta sunt o reflectare a unei realități mult mai mărețe. Legământul de dragoste, intimitatea sexuală, căsătoria sau genul, fiecare dintre aceste imagini magnifice ni-L arată pe Isus Cristos. Într-o zi, vom intra în gloria perfectă a cerului și vom experimenta plinătatea *yada* fără limite. Ca o mireasă pregătită pentru mirele ei, vom participa la cea mai frumoasă ceremonie de căsătorie din toate timpurile: dineul de nuntă a Mielului (vezi Apoc. 19:6–9). Ne vom îmbrățișa cu adevărat Mântuitorul și vom găsi împlinire deplină în El. Vom fi una cu El în cel mai adevărat legământ de dragoste, pe veci. Dar până în ziua aceea glorioasă, suntem chemate să alergăm cu credincioșie în *această* cursă, cu perseverență.

Ești o femeie răscumpărată în Cristos, pusă deoparte pentru gloria lui Dumnezeu.

Indiferent unde ai fost, ce ai făcut sau ce ți s-a făcut, ești o femeie răscumpărată în Cristos, pusă deoparte pentru gloria lui Dumnezeu. Dumnezeu te-a pus aici pe pământ pentru a reflecta harul Său transformator. Fie ca viața ta să strălucească tare, pe măsură ce lași să fie reflectată în tine istoria magnifică a răscumpărării lui Dumnezeu, Cel care te-a creat.

ANEXĂ

Cum să găsești speranță și vindecare în urma abuzului sexual

Dacă citești această anexă chiar acum, probabil că tu sau o prietenă pe care o iubești a fost tratată nedrept și abuzată sexual. Noi două suntem extrem de triste în fața realității că atât de multe dintre voi a trebuit să treceți prin ceva atât de dureros. Conform Centrului pentru Justiție Socială, una din patru femei e agresată sexual.[1] S-ar putea să citești aceste fragmente cu inima apăsată, copleșită, mânioasă, dezamăgită, amărâtă și zdrobită. În funcție de locul în care ești în călătoria ta spre vindecare, s-ar putea să ai și zeci de întrebări fără răspuns. Ne doare sufletul pentru tine. Ne pare foarte rău pentru răul care s-a produs față de tine și pentru durerea pe care trebuie să o simți.

Deși nu îți cunoaștem povestea personală, știm că Dumnezeu o știe. El știe fiecare detaliu al vieții tale și numai El are harul transformator și puterea să ia răul făcut și să-l schimbe în bine (vezi Gen. 50:20). Singura speranță de care noi, femeile, ne putem agăța este speranța că vom căpăta harul lui Dumnezeu și puterea miraculoasă de vindecare pe care El ne-o poate oferi fiecăreia dintre noi.

Dawn Wilson este o femeie care înțelege durerea și mâhnirea provocate de abuz. Ea este o supraviețuitoare a abuzului sexual și a scris un articol sincer, fără cosmetizări, intitulat „Încrederea că Dumnezeu vindecă cicatricile abuzului sexual". Ea spune:

> Dacă ai fost abuzată sexual, s-ar putea să îți continui existența într-unul sau mai multe dintre modurile următoare. Te ascunzi sau ții oamenii la distanțe extreme, temându-te să nu fii rănită iar. Ca adult, rămâi paralizată. Dacă ești căsătorită, ți se pare dificil să răspunzi sexual. Te temi de supunerea biblică, fiindu-ți teamă să cedezi controlul. S-ar putea să te simți defectă, să te vezi ca un obiect sexual, să îți etalezi sexualitatea și să cazi în promiscuitate și alte păcate sexuale. Sau ca mine, te angajezi în facerea «binelui» sau îmbrățișând lucrarea creștină. S-ar putea să nu înțelegi puterea Evangheliei și să te preocupe în schimb să Îi faci pe plac lui Dumnezeu pentru a intra în grațiile Lui. S-ar putea să răspunzi abuzului tău cu anxietate, depresie, dezgust față de propria persoană, automutilare, teamă de intimitate, homosexualitate, indecizie, perfecționism, o nevoie de control, tulburări de alimentație sau adicție. Lui Satan nu îi pasă cum reacționăm la păcatul abuzului sexual... atâta timp cât nu mergem la Isus. Dușmanul știe că atunci când ne găsim identitatea, siguranța sau demnitatea în Cristos, putem avea victorie.[2]

Dawn continuă să ne împărtășească modul în care gândirea ei a fost alterată și cum a fost eliberată și vindecată. Dawn este un exemplu minunat al unei femei care a cercetat amănunțit harul iubitor al lui Dumnezeu și, în cele din urmă, a găsit o identitate nouă în El. Ea I-a permis lui Dumnezeu să aibă victorie în viața ei cu adevărat și nu-i mai dă voie dușmanului să folosească durerea împotriva ei. A fost eliberată de robia trecutului ei și trăiește cu adevărat o viață din plin pentru Isus.

Ne rugăm ca povestea lui Dawn de răscumpărare și restaurare să fie și *a ta*. Să Îl lași pe Dumnezeu să lucreze în viața ta, să îți vindece durerea și să dea un sens viitorului tău.

În timpul cercetării noastre pentru această anexă, am găsit multe mesaje audio biblice, sănătoase și benefice, cărți, bloguri și articole pe tema abuzului sexual. Website-ul www.desiringgod.org conține o adevărată bogăție de informații pe subiectul abuzului. Consiliera Kathleen Shumate, autoarea și gazda blogului Desiring God, a scris un articol cu titlul „Dumnezeu poate învinge orice abuz". În acest articol, Shumate le reamintește celor abuzați realitatea Evangheliei: „Oricât de adâncă ar fi mlaștina în care ne-a aruncat abuzul, Dumnezeu ne poate scoate de acolo și ne poate pune la loc larg, fiindcă El își găsește plăcerea în noi."[3] Ea face referire la Psalmul 18:16–19, care spune:

„El Și-a întins mâna de sus, m-a apucat,
m-a scos din apele cele mari;
m-a izbăvit de potrivnicul meu cel puternic,
de vrăjmașii mei, care erau mai tari decât mine.
Ei năvăliseră deodată peste mine în ziua strâmtorării mele;
dar Domnul a fost sprijinul meu.
El m-a scos la loc larg
și m-a scăpat, pentru că mă iubește."

Ce promisiune frumoasă! Dumnezeu dorește ca fiecare dintre noi să fim răscumpărate și salvate. La urma urmei, de aceea L-a trimis El pe Isus pe acest pământ ca să moară pe cruce. Isus a experimentat cele mai nedrepte și nemeritate abuzuri și moartea, ca noi să putem avea o relație cu El. Ca noi să putem fi libere. El vrea să ne răscumpere trecutul și să ne restaureze viitorul. Cele care ne-am pus încrederea în Isus ca Mântuitor avem speranța ultimă de restaurare în rai (vezi Ioan 3:16), și e ceva care nu ne poate fi luat. E speranța de care ne putem agăța. Paul Maxwell spune că: „Evanghelia chiar poate insufla sentimentele imposibile de bucurie, speranță și dragoste pentru cei dispuși să îmbrățișeze imposibilitatea plini de curaj și cu credință."[4] Există un om în Vechiul Testament pe nume Iosif, a cărui viață este un exemplu și o încurajare care ne îndeamnă să îmbrățișăm cu îndrăzneală credința adevărată în Dumnezeu (vezi Gen. 37; 39; 45). Dacă știi povestea, îți aduci aminte că Iosif a fost abuzat și tratat cu nedreptate de multe ori. Frații lui l-au abuzat și l-au vândut negustorilor de sclavi. Soția lui Potifar l-a acuzat pe nedrept de viol și a fost condamnat să putrezească în temnița egipteană. El a fost un bărbat care a înțeles că, în ciuda răului care i s-a făcut, Dumnezeu putea să îi facă bine. El le-a spus fraților lui: „Voi, negreșit, v-ați gândit să-mi faceți rău, dar Dumnezeu a schimbat răul în bine, ca să împlinească ceea ce se vede azi, și anume să scape viața unui popor în mare număr" (Gen. 50:20). Iosif este un exemplu incredibil de supraviețuitor al abuzului, care a văzut cu mintea lui dincolo de circumstanțele lui dureroase. El a crezut că Dumnezeu avea în minte ceva mai măreț decât putea el să vadă. El a avut credință și speranță că Dumnezeu îi putea dărui viață și putea scoate ceva bun din tot întunericul și răul care-l înconjurau. Iosif a sperat în Dumnezeu și a știut că viața nu i-a fost distrusă. A știut că iertându-i pe cei ce l-au abuzat avea să îi aducă pace în inimă și libertate. El a crezut că Dumnezeu poate lua orice rău făcut de oameni (chiar și răul făcut de cei din familia lui) și să îl transforme în bine pentru el, în viitor.

Rugăciunea noastră este ca tu să începi să vezi un licăr de speranță pentru viitorul tău. Ne dorim ca și tu, la fel ca Iosif, să crezi că Dumnezeu poate folosi trecutul tău pentru a aduce ceva bun în viitor. Cartea Plângerile lui Ieremia conține un pasaj puternic pe care îl putem folosi ca pe o rugăciune personală a speranței:

„Mi-ai luat pacea
și nu mai cunosc fericirea.
Și am zis: «S-a dus puterea mea de viață și nu mai am nicio nădejde în Domnul.»
...
Iată ce mai gândesc în inima mea
și iată ce mă face să mai trag nădejde:
Bunătățile Domnului nu s-au sfârșit,
îndurările Lui nu sunt la capăt,
ci se înnoiesc în fiecare dimineață.
Și credincioșia Ta este atât de mare!
«Domnul este partea mea de moștenire»,
zice sufletul meu, de aceea nădăjduiesc în El.
Domnul este bun cu cine nădăjduiește în El,
cu sufletul care-L caută."
(Plângeri 3:17–18, 21–25)

Ne rugăm să te agăți de adevărul Cuvântului lui Dumnezeu și suntem ferm convinse că nu cel/cei care te-a(u) abuzat are/au ultimul cuvânt de spus în povestea vieții tale. Ne rugăm să începi sau să continui procesul credinței în Dumnezeul care poate transforma cel mai mare rău în bine, pentru gloria Lui. Ne rugăm să crezi adevărul că ești o femeie vrednică, fiindcă însuși Cristos a pus valoare pe tine și fiindcă nimeni și nimic nu ți-o pot lua.

Cinci pași spre libertatea adevărată și vindecare de durată

Lista pașilor care aduc libertate adevărată și vindecare pe termen lung nu este nici pe departe exhaustivă, dar este un început.

1. Spune cuiva de încredere, cere ajutor și pune-te la adăpost

Protecția și siguranța ta trebuie să fie înaintea ochilor tăi și în vârful listei cu priorități. Dacă ești acum în nesiguranță sau în pericol, trebuie să primești ajutor. Nu ține secret abuzul pe care-l trăiești, gândindu-te că se va rezolva cumva. În funcție de situația în care ești, s-ar putea să ai nevoie ca cineva să te ajute să decizi dacă ar trebui să iei legătura cu autoritățile, să contactezi un consilier sau să te muți în altă parte. Te rugăm să spui cuiva de încredere ce se întâmplă. Găsește pe cineva care te poate ajuta și te poate îndruma spre pasul următor.

Pentru cele care ați scăpat de abuz de câțiva ani, noi vă încurajăm să cereți ajutor.

Dacă nu ai făcut niciodată pași înspre vindecare, te încurajăm să cauți ajutor spiritual și de specialitate. Ar fi foarte bine, pentru început, să vorbești cu o femeie înțeleaptă din biserica ta.

2. Nu uita că nimeni nu îți poate lua valoarea

Nimeni și nimic nu îți pot lua vreodată valoarea. Creatorul (Dumnezeu) este Cel ce îți dă valoarea. El te-a creat, prin urmare El hotărăște ce te face valoroasă. Nicăieri în Scriptură nu-L vei vedea pe Dumnezeu decizând valoarea cuiva pe baza a ceea ce a făcut sau i s-a făcut. În Scriptură nu există o astfel de mentalitate. Adevărul despre valoarea ta nu stă în părerea ta sau a altcuiva despre tine. Adevărul despre valoarea ta se găsește în Cuvântul perfect și nepieritor al lui Dumnezeu.

Următorul verset descrie cine ești tu și de unde decurge valoarea ta. Dacă ești creștină născută din nou, ești copila preaiubită a lui Dumnezeu. Ești a Lui. El te-a adoptat în familia Lui și ți-a dat un nume: copil al lui Dumnezeu. Aceasta este adevărata ta identitate. Ești creată în chip minunat și uimitor de către Tatăl tău iubitor. Nimic din ce s-a făcut trupului tău nu poate schimba faptul că Dumnezeu spune că ești lucrarea Lui minunată. Nu lăsa pe nimeni să îți spună altceva.

„Tu mi-ai întocmit rărunchii,
    Tu m-ai țesut în pântecele mamei mele:
Te laud că sunt o făptură așa de minunată.

Minunate sunt lucrările Tale,
și ce bine vede sufletul meu lucrul acesta!
Trupul meu nu era ascuns de Tine
când am fost făcut într-un loc tainic,
țesut în chip ciudat, ca în adâncimile pământului.
Când nu eram decât un plod fără chip, ochii Tăi mă vedeau
și în cartea Ta erau scrise toate zilele care-mi erau rânduite,
mai înainte de a fi fost vreuna din ele."
(Ps. 139:13–16)

„Dar tuturor celor ce L-au primit, adică celor ce cred în Numele Lui, le-a dat dreptul să se facă copii ai lui Dumnezeu." (Ioan 1:12)

„Binecuvântat să fie Dumnezeu, Tatăl Domnului nostru, Isus Hristos, care ne-a binecuvântat cu tot felul de binecuvântări duhovnicești, în locurile cerești, în Hristos. În El, Dumnezeu ne-a ales înainte de întemeierea lumii, ca să fim sfinți și fără prihană înaintea Lui, după ce, în dragostea Lui, ne-a rânduit mai dinainte să fim înfiați prin Isus Hristos, după buna plăcere a voii Sale, spre lauda slavei harului Său, pe care ni l-a dat în Preaiubitul Lui. În El avem răscumpărarea, prin sângele Lui, iertarea păcatelor, după bogățiile harului Său pe care l-a răspândit din belșug peste noi prin orice fel de înțelepciune și de pricepere."
(Ef. 1:3–8)

3. Crede că încă ai un viitor

Dușmanul ar vrea să crezi că viața ta s-a încheiat. El vrea să crezi minciuna că ești distrusă. Că nu poți face nimic bun sau că Dumnezeu nu te poate folosi în niciun fel. Toate sunt minciuni aduse direct din străfundul iadului. Dumnezeu este specialist în răscumpărări și Îi face plăcere să ne folosească pe cele ce ne simțim neputincioase să facem lucruri mari pentru Împărăția

Lui. Dacă Dumnezeu te ține în viață și îți dă suflare este fiindcă El are un scop pentru viitorul tău. Sunt zeci de istorisiri în Biblie despre oameni cărora li s-a greșit sau care au greșit, pe care Dumnezeu i-a răscumpărat și i-a folosit pentru a împlini lucruri uimitoare! Gândește-te la Iosif (despre care am vorbit mai devreme), Estera, Moise, Batșeba, Rahab și Rut. Fiecare dintre acești indivizi au trecut prin situații dificile și traumatizante. Cu toate acestea, Dumnezeu tot i-a folosit pe fiecare dintre ei în moduri incredibile.

Gândește-te la cuvintele pe care Iosif li le-a spus fraților lui și gândește-te că sunt cuvintele tale. „Voi, negreșit, v-ați gândit să-mi faceți rău, dar Dumnezeu a schimbat răul în bine, ca să împlinească ceea ce se vede azi, și anume să scape viața unui popor în mare număr" (Gen. 50:20). Dumnezeu a folosit trecutul zdruncinat al lui Iosif pentru a aduce viață și speranță pentru mulți oameni în viitor. Dumnezeu vrea să transforme trecutul tău într-o sursă de speranță dătătoare de viață și pentru alții. El vrea să folosească traseul tău ca pe o mărturie a harului și puterii Sale transformatoare.

Nu uita că Dumnezeu chiar poate transforma răul intenționat de alții împotriva ta în bine. Aceasta este o speranță miraculoasă de care te poți agăța.

> „De altă parte, știm că toate lucrurile lucrează împreună spre binele celor ce iubesc pe Dumnezeu, și anume spre binele celor ce sunt chemați după planul Său. Căci, pe aceia pe care i-a cunoscut mai dinainte, i-a și hotărât mai dinainte să fie asemenea chipului Fiului Său, pentru ca El să fie Cel întâi născut dintre mai mulți frați."
> (Rom. 8: 28–29)

4. Crede că Dumnezeu este mai mare decât experiența ta

Dumnezeu nu are puteri limitate de răscumpărare. El ne poate restaura din cele mai negre și mai disperate circumstanțe.

Crede că Dumnezeu vede situațiile în care ești și că Lui Îi pasă. Dumnezeu știe despre abuzul pe care l-ai suferit, dar El nu îl trece cu vederea. El urăște abuzul sexual. El urăște orice rău. El îi va judeca pe cei ce fac rău (vezi Rom. 12:19). Dumnezeu L-a trimis pe Isus să moară pentru ca, într-o zi, să fim restaurate permanent și să fim cu El, în glorie. Crede că Dumnezeu e mai mare decât abuzul din viața ta. Crede că Dumnezeu poate face o lucrare măreață în inima ta și să îți dea pacea care întrece orice pricepere.

Biblia ne spune că sunt bucurii din plin în prezența Lui și că El ne-a dat tot ce avem nevoie pentru a duce o viață sfântă (vezi Ps. 16). În prezența Lui, poți găsi pace și odihnă. Cel mai bun lucru pe care îl poți face pentru inima și sufletul tău este să înveți să ai încredere deplină în El.

> „Îmi vei arăta cărarea vieții;
> înaintea feței Tale sunt bucurii nespuse
> și desfătări veșnice în dreapta Ta."
> (Ps. 16:11)

> „Încrede-te în Domnul din toată inima ta
> și nu te bizui pe înțelepciunea ta!
> Recunoaște-L în toate căile tale,
> și El îți va netezi cărările."
> (Prov. 3:5–6)

> „Dumnezeiasca Lui putere ne-a dăruit tot ce privește viața și evlavia, prin cunoașterea Celui ce ne-a chemat prin slava și puterea Lui."
> (2 Pet. 1:3)

5. Înconjoară-te de creștini autentici și iubitori

E dificil să lași oamenii să îți vadă slăbiciunile. E greu să îți dai seama în cine să ai încredere și cui să te deschizi. Dar nu lăsa aceste lucruri să te împiedice să faci parte dintr-o comunitate autentică. Ai nevoie de creștini autentici și iubitori care te pot susține în acest timp. Începe găsind o femeie creștină adevărată, mai matură, care îți poate fi prietenă și mentor. Dă-i voie în cele mai ascunse unghere ale vieții tale și începe să dezvolți o relație de prietenie cu ea. Fii sinceră! Las-o să te încurajeze. Atunci când nu mai poți sau te lași cuprinsă de disperare, roag-o să se roage pentru tine. Nu încerca să te vindeci singură.

> „Să veghem unii asupra altora, ca să ne îndemnăm la dragoste și la fapte bune. Să nu părăsim adunarea noastră, cum au unii obicei, ci să ne îndemnăm unii pe alții, și cu atât mai mult, cu cât vedeți că ziua se apropie."
> (Evr. 10:24–25)

> „Astfel, dar, ca niște aleși ai lui Dumnezeu, sfinți și preaiubiți, îmbrăcați-vă cu o inimă plină de îndurare, cu bunătate, cu smerenie, cu blândețe, cu îndelungă răbdare. Îngăduiți-vă unii pe alții și, dacă unul are pricină să se plângă de altul, iertați-vă unul pe altul. Cum v-a iertat Hristos, așa iertați-vă și voi. Dar mai presus de toate acestea, îmbrăcați-vă cu dragostea, care este legătura desăvârșirii."
> (Col. 3:12–14)

Abuzul nu are ultimul cuvânt

Nu uita că abuzul nu are ultimul cuvânt de spus în povestea ta. Deznădejdea nu este destinul tău. Dumnezeu te poate restaura, te poate răscumpăra și îți poate da o cunună împărătească, în loc de cenușă. Noi două ne rugăm ca Dumnezeu să îți dea pacea Lui adevărată care întrece orice pricepere. Ne rugăm ca Dumnezeu să aducă vindecare miraculoasă în inima ta și să te ajute să îți revendici identitate de fiică preaiubită a Sa.

Așa cum am spus mai devreme, sunt multe de spus despre acest subiect. Noi am vorbit doar despre câteva lucruri de suprafață. Te încurajăm să cauți resursele următoare și să îți pui deoparte timp să le explorezi. Este esențial să îți umpli inima și mintea cu adevărul biblic, care te îndrumă spre vindecarea adevărată și schimbarea durabilă.

Cărți recomandate

Pamela Gannon și Beverly Moore, *In the Aftermath: Past the Pain of Childhood Sexual Abuse* (Bemidji, MN: Focus, 2017).

Justin Halcomb și Lindsey Halcomb, *Rid of My Disgrace: Hope and Healing for Victims of Sexual Assault* (Wheaton: Crossway, 2001).

Robert W. Kellermen, *Sexual Abuse: Beauty for Ashes (Gospel for Real Life)* (Philipsburg, NJ: P&R, 2013).

David Powlison, *Making All Things New: Restoring Joy to the Sexually Broken* (Wheaton: Crossway, 2017).

Website-uri recomandate

www.biblicalcounseling.org
www.desiringgod.org

ÎNTREBĂRI PENTRU DISCUȚII

Capitolul 1

„Indiferent de mediu, educație, rasă sau vârstă, orice persoană se confruntă cu coruperea sexuală."

1. În ce fel ești „ucenica" perspectivei lumești în ceea ce privește sexualitatea?
2. Ce a influențat cel mai mult — negativ sau pozitiv — formarea perspectivei tale actuale despre sexualitate?
3. În ce fel te-ai simțit singură în luptele tale cu păcatul sexual?
4. Citește Isaia 61:3. Ce vrea Dumnezeu să faci cu inima și mintea ta?
5. Ce speri să dobândești cel mai mult citind această carte?

Capitolul 2

„Deși multe dintre noi, femeile, am simțit că suntem singurele care se luptă cu pofta carnală, nu este deloc așa."

1. Simți că felul în care ai fost creată din punct de vedere sexual e mai degrabă un blestem sau o binecuvântare? De ce?
2. În ce fel ai văzut că pofta carnală este prezentată de cele mai multe ori ca fiind o problemă a bărbaților?
3. Care diferență dintre bărbați și femei ți s-a părut cea mai mare?
4. Citește Geneza 1:27. Ce te învață acest verset despre sexualitate?
5. John Piper spune că pofta carnală e incapabilă să arate sfințenia lui Dumnezeu și respectul față de o altă persoană. Cum se aplică această descriere a poftei carnale atât bărbaților, cât și femeilor?
6. Pentru a schimba cursul poftei carnale, trebuie să fim sincere cu noi și cu ceilalți. Trebuie să începem să vorbim despre luptele noastre și să împărtășim deschis cu alte femei. Ia-ți un moment acum și fii sinceră. Cu ce pofte carnale te lupți, care trebuie aduse la lumină?

Capitolul 3

„Sexualitatea e atât de denaturată, remodelată și alterată, încât arată foarte diferit de felul în care a creat-o Dumnezeu la început."

1. Felul în care este abordată sexualitatea astăzi e ca atunci când încerci să construiești un puzzle extrem de complicat, fără să te ghidezi după fotografia de pe cutie. Unde cauți ajutor de cele mai multe ori atunci când încerci să găsești răspunsuri despre sexualitate?
2. Care este diferența dintre instinctul sexual și intimitate sexuală?
3. Cum ar trebui să ne fie influențată perspectiva despre sexualitate de planul lui Dumnezeu pentru bărbați și femei, prezentat în Geneza?

4. Citește Geneza 2:25. De ce erau Adam și Eva goi și nu le era rușine?
5. Ochii noștri văd, iar inimile noastre se îndoiesc, la fel ca Eva. În ce aspecte ai dificultăți în a crede adevărul lui Dumnezeu despre sexualitate?
6. Din câte ai văzut, cum influențează păcatul sexualitatea în societatea modernă?

CAPITOLUL 4

„Atunci când alegem să acceptăm orice altceva ca standard pentru sexualitatea noastră, mai puțin planul inițial și bun al lui Dumnezeu, ne însușim o imagine distorsionată a identității pe care Dumnezeu a intenționat-o pentru noi."

1. În cel fel ai văzut că societatea a devalorizat și banalizat intimitatea sexuală?
2. Răspunzând din perspectivă biblică, de ce nu este relativismul moral al societății noastre un semn al progresului, ci un semn al prostiei și mândriei?
3. Gândindu-te din nou la cele patru minciuni despre designul nostru sexual, în ce fel ai fost influențată să crezi minciuna nr. 1 (Identitatea sexuală este hotărâtă de dorințele personale)?
4. Contrastul dintre definiția *căsniciei* din dicționarul *Merriam-Webster* din anul 1828 și definiția modernă este șocant. Ce ți-a atras privirea când ai comparat cele două definiții?
5. Sfatul pe care revista *Teen Vogue* li-l dă tinerelor în ceea ce privește sexul este simplu: „Dacă te simți bine, fă-o!" Deși sfatul acesta sună bine, în ce feluri subminează planul lui Dumnezeu pentru relații sexuale?
6. În ce fel ai văzut feminitatea modernă portretizată ca fiind puternică și seducătoare?

Capitolul 5

„Isus este adevăratul erou de care fiecare dintre noi avem nevoie disperată."

1. În ce fel te reprezintă poveștile cu eroul care salvează o persoană în dificultate?
2. Citește Geneza 3:21. De ce nu au fost frunzele de smochin ale lui Adam și Eva un veșmânt suficient?
3. Citește Ioan 3:16. După acest verset, în ce fel este Isus eroul tău?
4. În ce aspecte ai pretenția că ești îndeajuns în ochii lui Dumnezeu?
5. Galateni 2:20 spune. „Am fost răstignit împreună cu Hristos și trăiesc..., dar nu mai trăiesc eu, ci Hristos trăiește în mine. Și viața pe care o trăiesc acum în trup o trăiesc în credința în Fiul lui Dumnezeu, care m-a iubit și S-a dat pe Sine Însuși pentru mine." Cum se aplică acest verset în viața ta?
6. În ce fel te încurajează povestea luptei și victoriei lui Kate?
7. Ce lupte interioare duci, care trebuie mărturisite lui Dumnezeu în rugăciune?

Capitolul 6

„Într-o lume a mesajelor confuze și a definițiilor în continuă schimbare, Cuvântul lui Dumnezeu este constant. Planul Lui pentru sexualitate, pe care L-a stabilit la începutul creației, nu s-a schimbat de la începutul acesteia."

1. Ceea ce crezi despre Cuvântul lui Dumnezeu îți va influența în mod direct perspectiva despre sexualitate. În acest moment, cu ce fel de femeie semeni mai mult: cu cea care contestă, cu cea care ia ce îi convine sau cu cea care acceptă tot?
2. Citește Ioan 8:32 cu voce tare. Ce crezi că înseamnă că adevărul lui Dumnezeu te eliberează?

3. Când te gândești la cele patru adevăruri legate de designul nostru sexual, ce ți-a atras privirea cel mai mult la mărturia lui Jackie Hill Perry din adevărul nr. 1 (Identitatea sexuală este o realitate desemnată de Dumnezeu)?
4. Citește Efeseni 5:22–24. În adevărul nr. 2 (Căsătoria este un legământ între un bărbat și o femeie), am vorbit despre faptul că Dumnezeu a creat căsătoria în primul rând pentru a arăta lumii o reprezentare concretă a legământului pe care Cristos îl are cu Biserica Sa. Cum ar trebui să îți modeleze această realitate biblică perspectiva despre căsătorie?
5. În adevărul nr. 3 (Sexul a fost creat pentru intimitate în cadrul căsătoriei), am vorbit despre cum a creat Dumnezeu dorințele noastre sexuale pentru a ne îndemna să avem o relație intimă cu El. Ce ți s-a părut cel mai revelator la acest adevăr biblic?
6. Citește Proverbe 9:1–18. În adevărul nr. 4 (Feminitatea este o oglindire a planului lui Dumnezeu pentru femei), am examinat portretul „înțelepciunii" și al „nebuniei" din povestea a două femei. Ce schimbări trebuie să faci în viața ta pentru a reflecta o astfel de înțelepciune?
7. Dintre cele patru adevăruri discutate în acest capitol, pentru care ai nevoie cel mai mult de ajutorul lui Dumnezeu ca să-l poți accepta și trăi conform lui?

Capitolul 7

„Am fost create pentru yada. Am fost create pentru intimitate profundă cu Isus. Atunci când inimile noastre sunt pline de prezența lui Isus, avem tot ce ne trebuie pentru a prospera ca persoane."

1. În ce fel ai simțit lipsa de *yada* în relațiile tale (atât romantice, cât și ne-romantice)?
2. Așa cum am văzut în aceste capitol, cuvântul *yada* este folosit de 940 de ori în Vechiul Testament, iar în ebraică

înseamnă literalmente „să cunoști profund sau intim." Ce crezi că înseamnă să Îl cunoști (*yada*) pe Dumnezeu în acest fel?

3. Citește Psalmul 139:1, 13, 14. De fiecare dată când apare verbul „a cunoaște", spune *yada* cu voce tare. Cum schimbă acest lucru felul în care înțelegi aceste versete?
4. Cum îți lărgește *yada* perspectiva despre intimitate sexuală?
5. Pentru femeile necăsătorite: de ce este relația autentică cu Isus cel mai important lucru pe care îl poți căuta?
6. Pentru femeile căsătorite: în ce fel aspectul relațional și emoțional al *yada* influențează starea relației tale sexuale în căsnicie?

Capitolul 8

„[Puritatea sexuală] înseamnă, la urma urmei, să accepți identitatea ta ca fiică a lui Dumnezeu și să faci eforturi zilnice de a fi tot mai mult ca El."

1. Atunci când auzi cuvântul *puritate,* care este primul lucru care îți vine în minte?
2. De ce este important să ai o înțelegere biblică a planului lui Dumnezeu pentru puritate?
3. Conform primei idei greșite (Sexul este un lucru rău și înfricoșător), de ce este sexul portretizat ca un lucru rău și înfricoșător?
4. De ce este a doua idee greșită (Valoarea ta este dată de nivelul tău de puritate) un mesaj contrar Evangheliei?
5. Citește Romani 5:8. Cum influențează acest verset perspectiva ta despre puritate?
6. Ideea greșită nr. 3 spune că puritatea este numai pentru celibatari. Explică de ce nu are cum să fie adevărat acest lucru.
7. O idee biblică despre puritate spune că o inimă care dorește să Îl onoreze pe Dumnezeu trebuie să fie fundamentul

purității. În ce feluri ai nevoie să îți schimbi perspectiva despre puritate pentru a o alinia la perspectiva biblică?

Capitolul 9

„Ispita ne îndepărtează inimile și mințile de glorificarea lui Dumnezeu și le împinge înspre satisfacerea dorințelor noastre păcătoase. Ne încurajează să ne îndoim de autoritatea lui Dumnezeu și să luăm în calcul că s-ar putea să existe o cale mai bună."

1. Când te-ai confruntat ultima oară cu ispita sexuală în viața ta?
2. În propriile tale cuvinte, ce crezi că înseamnă această declarație: „Să fii la curent cu strategia lui Satan înseamnă să fii pregătită cu arsenalul potrivit"?
3. Când te gândești la cele șase informații pe care Biblia ni le oferă despre ispită (vezi paginile 113–114), care ți s-a părut cea mai revelatoare și benefică?
4. Citește Iacov 1:13–16. Descrie un moment din viața ta în care ai urmat tiparul ispitei: ascultând, cântărind și apoi acceptând oferta ademenitoare a păcatului.
5. Când te gândești la exemplul incredibil al lui Iosif despre cum să fugi de păcat (vezi Gen. 39:1–23), cum te încurajează victoria lui în lupta ta împotriva ispitei?
6. Acum, că înțelegi cei trei pași ai ispitei, cum îi poți aplica practic în viața ta de zi cu zi?

Capitolul 10

„Scopul nostru nu este doar acela de a ajunge la un anumit nivel de puritate, ci acela de a ne alinia toate aspectele vieții, atât cele interioare, cât și cele exterioare, la prima și cea mai mare poruncă din Biblie... aceea de a-L iubi pe Dumnezeu cu toată inima, sufletul și mintea noastră."

1. Descrie un moment din viața ta când ai părut „pură" la exterior, dar te-ai luptat în secret cu pofta carnală din inima ta.

2. Toate ne luptăm în secret în mintea noastră. Gândindu-ne la lista de verificare a luptei secrete din inima noastră (vezi paginile 125–126), cu ce aspecte te lupți cel mai mult acum?
3. Citește Psalmul 139:2–4. Ce te învață aceste versete despre Dumnezeu și felul în care El înțelege lupta ta internă?
4. Cum te ajută înțelegerea ta despre minte, afecte și voință (vezi paginile127–128) să te lupți mai bine cu pofta carnală din inima ta?
5. Gândește-te la cele cinci strategii care te ajută să lupți cu problemele din inima ta (curăță, studiază, memorează, planifică și roagă-te). Care dintre aceste cinci strategii ți-au stârnit interesul cel mai mult și cum poți începe să o pui în aplicare azi?

Capitolul 11

„Indiferent dacă te lupți cu masturbarea, pornografia, erotismul sau altceva, poți găsi eliberare de durată în Cristos."

1. Ce lupte sexuale ai dus (acum sau în trecut) care ți s-au părut prea mari ca să le poți învinge?
2. Slujim unui Dumnezeu puternic. Niciun păcat nu este prea mare pentru a nu putea fi învins de crucea Mântuitorului nostru. Cum te încurajează povestea luptei și victoriei lui Kristen în lupta ta?
3. Atunci când te uiți la cele patru motive pentru care pornografia este o versiune falsă a adevăratei intimități, care dintre ele ți-a stârnit interesul cel mai mult și de ce?

    - Pornografia este o batjocură la adresa dragostei adevărate.
    - Pornografia înjosește purtătorii chipului lui Dumnezeu.
    - Pornografia ne denaturează dorințele și năzuințele.
    - Pornografia este o formă de închinare falsă.

4. Fă-ți un moment și citește fiecare dintre următoarele versete: Psalmul 51:10; 1 Corinteni 6:18 și 1 Tesaloniceni 4:3–5. În lumina adevărului lui Dumnezeu, de ce este literatura erotică o alegere contraproductivă și neînțeleaptă pentru femeile creștine?
5. Când te uiți la cele trei motive pentru care masturbarea este o versiune falsă a adevăratei intimități, care iese în evidență pentru tine cel mai mult și de ce?

   - Masturbarea promovează izolarea și egoismul.
   - Masturbarea este deseori alimentată de pofta carnală.
   - Masturbarea nu are cum să Îi aducă glorie lui Dumnezeu.

6. Oricât de puternice și copleșitoare ar fi îndemnurile și dorințele tale sexuale uneori, trebuie să crezi că harul lui Dumnezeu este suficient pentru a te ajuta. Cum poți aplica Galateni 5:16 („Zic dar: umblați cârmuiți de Duhul și nu împliniți poftele firii pământești") în viața ta acum?
7. Călătoria ta spre libertate sexuală poate începe azi. Pe care dintre următorii patru pași spre libertate ai nevoie să îi faci azi, cu smerenie?

   - Să cauți pocăința adevărată.
   - Să aduci păcate secrete la lumină.
   - Să cauți să fii în permanență ucenica unei femei evlavioase.
   - Să faci schimbări radicale.

Capitolul 12

„Caută adevărul cu mult curaj. Continuă să cumpănești bine lucrurile și să cauți răspunsuri biblice la orice întrebare nerostită."

1. Dacă ar fi să adaugi orice întrebare nerostită în acest capitol, care ar fi aceea?

2. Când e vorba despre întrebările tale nerostite, secrete, unde cauți de obicei răspuns?
3. De ce crezi că e important să găsești răspunsuri înrădăcinate în Biblie la aceste întrebări secrete?
4. Citește 2 Timotei 3:16–17. Ce ne învață aceste versete despre urmărirea adevărului?
5. Gândește-te o clipă la o femeie evlavioasă pe care o cunoști, care corespunde tabloului din Tit 2. Ce pași concreți poți face pentru a te apropia de ea și a-i pune întrebări?

Capitolul 13

„Dumnezeu ne cheamă să trăim o viață nouă în Cristos. O viață liberă de strânsoarea păcatului sexual."

1. În ce feluri te-ai trezit în cercul ispitei și al eșecului?
2. De ce „eforturile mai mari" nu sunt o soluție pentru schimbarea pe termen lung?
3. Citește 1 Ioan 1:9. Conform acestui verset, ce promite Dumnezeu să facă pentru tine?
4. Cum se regăsește ilustrația despre veșmânt (vezi paginile 173–174) în creșterea și schimbarea spirituală?
5. Citește Efeseni 4:20–24. Descrie cei trei pași discutați în acest pasaj. Ce impact ar trebui să aibă acești pași în felul în care abordezi creșterea spirituală?
6. În ce feluri este viața creștină ca un maraton?

Capitolul 14

„Găsirea satisfacției în Cristos trebuie să fie cea mai importantă căutare a noastră. Dacă noi, ca femei creștine, vrem să experimentăm plăcerile adevărate pe care Cristos le poate oferi, trebuie să ne uităm la El."

1. Gândește-te la o persoană pe care o iubești cu adevărat (ex.: soț, frate, prieten, părinte etc.). Ce faci pentru a investi în acea relație și a o prețui?

2. Având această persoană în minte, cum ar arăta relația ta cu Cristos dacă ai prețui-o în același mod?
3. În ce fel ai căutat „comorile pământești", dar, ulterior, ai rămas nesatisfăcută și cu sufletul gol?
4. Citește Psalmul 16:11. Cum ar trebui să influențeze acest verset felul în care urmărești plăcerea și satisfacția personală?
5. Din cele trei idei în care poți arăta prețuirea ta pentru Cristos (închinare, rugăciunea din Scriptură, jurnalul de rugăciune), care ți se potrivește cel mai bine?
6. Dacă ai mai putea adăuga o idee pentru prețuirea lui Cristos, care ar fi aceea?

Capitolul 15

„Indiferent unde ai fost, ce ai făcut sau ți s-a făcut, ești o femeie răscumpărată prin Cristos, pusă deoparte pentru gloria lui Dumnezeu."

1. Explică de ce experiențele tale sexuale (bune sau rele) nu te definesc.
2. Citește Matei 11:28. Ce spune Dumnezeu că le va da celor ce vin la El?
3. Ce te învață povestea impresionantă a prostituatei (vezi paginile191–193) despre Isus?
4. Cum ți-a transformat Dumnezeu cenușa într-o cunună împărătească pentru gloria Lui?
5. Pe măsură ce începi un capitol nou în călătoria ta, ce rugăciuni concrete aduci înaintea lui Dumnezeu?

MULȚUMIRI

Scrierea unei cărți despre planul lui Dumnezeu pentru sexualitate nu a fost chiar visul nostru de-o viață.... Dar atunci când am văzut sutele de e-mailuri care ne-au invadat inboxul, venite din comunitatea de femei GirlDefined, care ne-au pus întrebări grele despre sexualitate, s-a aprins un foc în inimile noastre. Atunci când Baker Books ne-a oferit un al treilea contract, am știut exact despre ce voiam să scriem: sex, puritate și ce își doresc fetele. Deși această carte a fost de departe cea mai dificilă și anevoioasă, a meritat. Planul lui Dumnezeu pentru sexualitate este puternic, frumos și incredibil de eliberator. Așa cum am văzut că adevărul lui Dumnezeu transformă coruperea noastră în frumusețe, pentru gloria Lui, ne rugăm ca această carte să aducă aceeași transformare pentru fiecare femeie care o citește.

Ca întotdeauna, această carte nu ar fi ceea ce este fără ajutorul, dragostea și sprijinul familiilor, prietenilor și echipei noastre incredibile.

Doamne..., Îți mulțumim Ție în primul rând pentru că ne-ai dat ocazia să scriem această carte și să proclamăm bunătatea Ta. Mulțumim fiindcă ne-ai creat în mod intenționat ființe sexuale pentru a ne atrage într-o relație intimă cu Tine, care să ne umple sufletele.

Tati și mami..., susținătorii noștri dintotdeauna și cei mai mari fani, vă mulțumim că ne-ați fost alături, din nou! Nu obosiți niciodată să ne încurajați. Suntem recunoscătoare. Vă iubim!

Zack..., cel la care apelăm tot timpul, în orice, gurul nostru în tehnologie și cel care ne face oricând galerie, îți mulțumim fiindcă ne-ai încurajat în multele nopți târzii când am stat la masa din bucătărie, terminate, încercând să mai încheiem „încă un capitol". Ești cel mai tare!

Dāv..., nimeni nu te întrece în energie și entuziasm. Cântecele tale spontane, încurajările neprefăcute și dansul de pomină ne-au adus zâmbetul pe buze în tot acest proces de scriere. Bine ai venit în familie!

Frații noștri minunați..., mulțumim pentru cafelele și prăjiturile proaspete de care v-ați îngrijit să avem parte atunci când nici măcar nu ne așteptam, de asemenea mulțumim că ne-ați adus mereu aminte că putem termina această carte.

Familia Mershon..., rugăciunile și încurajările voastre constante au fost neprețuite. Ne-au plăcut foarte mult vizitele-surpriză ale lui Hadley, Willa și Ellis. Suntem niște mătuși binecuvântate!

Toată familia Clark..., vă mulțumim că ne-ați fost mereu alături, în proiectul scrierii fiecărei cărți. Rugăciunile, cuvintele de încurajare și interesul general pentru cărțile noastre ne oferă mereu imboldul necesar.

Familia Beal..., vă mulțumim că ne-ați susținut și ne-ați încurajat atât de mult în timpul vizitelor lui Bethany în Idaho, când am avut un termen de finalizare foarte strâns. Sunteți cei mai drăguți!

Echipa de rugăciune a GirlDefined..., rugăciunile voastre au fost ascultate, iar această carte este dovada. Vă prețuim pe fiecare în parte.

Liderii de la Crossway Bible Church..., vă mulțumim fiindcă v-ați făcut timp să revizuiți manuscrisul. Înțelepciunea voastră și învățăturile biblice au fost neprețuite.

Nicci Jordan Hubert..., ești un editor nemaipomenit. Mulțumim că ne-ai fost alături și ai investit timp și energie în această carte. Sfaturile tale au schimbat totul. Această carte este mai directă, mai intensă și mai plină de har datorită ție.

Rebekah Guzman..., din nou îți mulțumim că ai crezut în noi și ne-ai dat ocazia de a scrie încă o carte. Nu avem cuvinte să ne exprimăm recunoștința!

Baker Books..., echipa voastră e incredibilă. Ne-a făcut plăcere să lucrăm cu fiecare persoană de la Baker. Mulțumim că ați lucrat împreună cu noi la publicarea celei de-a treia cărți.

Prietenii care ne-au sprijinit tot timpul..., vă mulțumim că ați rămas alături de noi pe parcursul scrierii celei de-a treia cărți. Acum, că am terminat-o, haideți să bem o cafea împreună.

NOTE

CAPITOLUL 1

1. Dr. Juli Slattery, *Rethinking Sexuality: God's Design and Why It Matters*, Colorado Springs, Multnomah, 2018, p. 77.

2. Slattery, *Rethinking Sexuality*, p. 20.

CAPITOLUL 2

1. John Piper, „Lupta cu necredința," *Însetat după Dumnezeu*, 13 noiembrie 1988, https://www.desiringgod.org/messages/battling-the-unbelief-of-lust.

CAPITOLUL 4

1. Dannah Gresh și dr. Juli Slattery, *Pulling Back the Shades*, Chicago, Moody, 2014, p. 71.

2. „Tube Sites Are Free, So How Does the Porn Industry Actually Make Money?," Fight the New Drug, 20 iunie 2018, https://fightthenewdrug.org/how-does-the-porn-industry-actually-make-money-today/.

3. „How Many People Are on Porn Sites Right Now? (Hint: It's a Lot.)," Fight the New Drug, 2 aprilie 2018, https://fightthenewdrug.org/by-the-numbers-see-how-many-people-are-watching-porn-today/.

4. Vera Papisova, „Find Out When Most Teens Are Losing Their Virginity," *Teen Vogue*, 30 septembrie 2015, https://www.teenvogue.com /story/teens-losing-virginity-age.

5 „Sexual Orientation," Planned Parenthood, accesat pe 21 septembrie 2018, https://www.plannedparenthood.org/learn/sexual-orientation-gender/sexual-orientation.

6. Owen Strachan, „The Clarity of Complementarity: Gender Dysphoria in Biblical Perspective," Council on Biblical Manhood and Womanhood, 25 aprilie 2017, https://cbmw.org/topics/complementarianism/the -clarity-of-complementarity-gender-dysphoria-in-biblical-perspective/.

7. *Merriam-Webster*, s.v. „căsătorie", accesat în 21 septembrie 2018, https://www.merriam-webster.com/dictionary/marriage.

8. *Merriam-Webster*, s.v. „căsătorie".

9. „Marriage," *Psychology Today*, accesat în 21 septembrie 2018, https:// www.psychologytoday.com/us/basics/marriage.

10. Webster's Dictionary 1828 online, s.v. „căsătorie", accesat în 21 septembrie 2018, http://webstersdictionary1828.com/Dictionary /marriage.

11. Kaleigh Fasanella, „How to Decide If You're Ready for Sex," *Teen Vogue*, 21 octombrie 2016, https://www.teenvogue.com/story/how-to-know-if-you-are-ready-to-have-sex.

Capitolul 5

1. John Piper, „Ce este Evanghelia creștină?," *Însetat după Dumnezeu*, 5 iunie 2002, https://www.desiringgod.org/articles/what-is-the-christian-gospel.

Capitolul 6

1. Leigh Montville, „Trials of David," *Sports Illustrated*, 29 aprilie 1996, p. 95.

2. C.S. Lewis, *The Weight of Glory*, San Francisco, HarperOne, 2015, p. 27.

3. John Piper, „Genitalia Are Not Destiny—But Are They Design?," Desiring God, 2 iunie 2014, https://www.desiringgod.org/articles/genitalia-are-not-destiny-but-are-they-design.

4. Christopher Asmus, „Longing for Intimacy," Desiring God, 18 ianuarie 2018, https://www.desiringgod.org/articles/longing-for-intimacy.

5. Asmus, „Longing for Intimacy."

6. Rosaria Champagne Butterfield, „Is Sexual Orientation a Concept That Christians Ought to Use?," www.rosariabutterfield.com, accesat în 30 octombrie 2018, https://rosariabutterfield.com/new-blog/2018/2/14/is-sexual-orientation-a-concept-that-christians-ought-to-use.

7. Jackie Hill Perry, „Love Letter to a Lesbian," Desiring God, 20 iulie 2013, https://www.desiringgod.org/articles/love-letter-to-a-lesbian.

8. Jasmine Holmes, „Q&A: Jackie Hill Perry on 'Bending Myself to Jesus,'" *Christianity Today*, 24 mai 2018, https://www.christianity-today.com/women/2018/may/q-and-jackie-hill-perry-bending-my-self-to-jesus -rap.html

9. Piper, „Genitalia Are Not Destiny."

10. Tim Challies, „What's the Purpose of... Marriage?," www.challies.com, 8 septembrie 2017, https://www.challies.com/articles/whats-the-purpose-of-marriage/.

11. Kristen Clark și Bethany Baird, *Ce ești tu, dragoste? Celibat. Curtare. Căsătorie*, Oradea, Casa Cărții, 2019, p. 71.

12. Challies, „What's the Purpose of... Marriage?"

13. Wandering MGTOW, „Is Sex Completely Boring to Anyone Else?," Men Going Their Own Way, 8 iulie 2015, https://www.mgtow.com/forums/topic/is-sex-completely-boring-to-anyone-else/.

14. Garrett Kell, „Good Lovemaking Is about God," Desiring God, 11 iulie 2017, https://www.desiringgod.org/articles/good-lovemaking-is-about-god.

15. Dr. Juli Slattery, *Rethinking Sexuality: God's Design and Why It Matters*, Colorado Springs, Multnomah, 2018, p. 53, 58.

16. Dr. Juli Slattery, „Sex and the Single Girl with Dr. Juli Slattery," YouTube.com, accesat în 24 septembrie 2018, https://www.youtube.com /watch?v=TP8eUerN4Cw&t=3s.

17. Slattery, „Sex and the Single Girl."

18. Timothy J. Keller, „Love and Lust" (predică, Redeemer Presbyterian Church, New York, 6 mai 2012), www.gospelinlife.com/downloads /love-and-lust-6151.

19. Slattery, *Rethinking Sexuality*, p. 55–56.

20. Dannah Gresh, „A Modest Proposal for My Critics," Pure Freedom, 12 martie 2013, http://purefreedom.org/a-modest-proposal-to-my-critics/.

21. Gresh, „Modest Proposal."

CAPITOLUL 7

1. Dr. Juli Slattery, „Why Does Sex Matter?," Authentic Intimacy, 9 martie 2015, https://www.authenticintimacy.com/resources/3028/why-does-sex-matter.

2. Jon Bloom, „How to Have Intimacy with God," Desiring God, 29 ianuarie 2016, https://www.desiringgod.org/articles/how-to-have-intimacy-with-god.

3. Greg Smalley, „Does 'Yada, Yada, Yada' in Your Marriage Mean It's 'Blah, Blah, Blah'?," Focus on the Family, accesat în 24 septembrie 2018, https://www.focusonthefamily.com/marriage/sex-and-intimacy/does-yada-yada-yada-in-your-marriage-mean-its-blah-blah-blah.

4. Smalley, „Does 'Yada, Yada, Yada' in Your Marriage?"

CAPITOLUL 8

1. Dr. Juli Slattery, „Why the Word *Purity* Is Cringy," Authentic Intimacy, 8 noiembrie 2017, https://www.authenticintimacy.com/resources/6815/purity.

CAPITOLUL 9

1. Steven J. Cole, „Lesson 8: How Temptation Works (Genesis 3:1–7)," Bible.org, accesat în 21 septembrie 2018, https://bible.org/seriespage/lesson-8-how-temptation-works-genesis-31-7.

2. John Owen, *Temptation: Resisted and Repulsed* (Carlisle, PA: The Banner of Truth Trust, 2007), 10–11.

3. Nancy DeMoss Wolgemuth, *Lies Women Believe: And the Truth That Sets Them Free*, Chicago, Moody, 2001, p. 38.

4. Dan Armstrong, „The 4 Stages of Temptation," covenanteyes.com, 26 februarie 2016, http://www.covenanteyes.com/2016/02/26/the-four-stages-of-temptation/.

5. Armstrong, „The 4 Stages."

CAPITOLUL 10

1. Elyse Fitzpatrick, *Idols of the Heart: Learning to Long for God Alone*, Phillipsburg, NJ, P&R, 2016; p. 104–107

2. Fitzpatrick, *Idols*, 104–7.

CAPITOLUL 11

1. „18 Mind-Blowing Stats about the Porn Industry and Its Underage Consumers," fightthenewdrug.org, accesat în 24 septembrie 2018, https://fightthenewdrug.org/10-porn-stats-that-will-blow-your-mind/.

2. „18 Mind-Blowing Stats."

3. Jill Hamilton, „The 12 Best Porn Movies Money Can Buy," *Cosmopolitan*, 16 martie 2018, https://www.cosmopolitan.com/sex-love /g19460176/best-porn-movies/.

4. Luke Gilkerson, „Brain Chemicals and Porn Addiction: Science Shows How Porn Harms Us," covenanteyes.com, 3 februarie 2014, http://www.covenanteyes.com/2014/02/03/brain-chemicals-and-porn-addiction/.

5. Christopher Asmus, „Why Do We Give In to Porn?," Desiring God, 31 iulie 2017, https://www.desiringgod.org/articles/why-do-we-give-in -to-porn.

6. Trip Lee, „Hope and Help for the Porn Addict," Desiring God, 30 iunie 2015, https://www.desiringgod.org/articles/hope-and-help-for -the-porn-addict.

7. Asmus, „Why Do We Give In?"

8. Dannah Gresh și Dr. Juli Slattery, *Pulling Back the Shades*, Chicago, Moody, 2014, p. 9.

8. 9. Gresh și Slattery, *Pulling Back*, p. 18.

10. Dannah Gresh, „I Know Why You Read Fifty Shades of Grey," Pure Freedom, 27 februarie 2014, http://purefreedom.org/i-know-why-you-read-fifty-shades-of-grey/.

11. Gresh și Slattery, *Pulling Back*, p. 18.

12. Dannah Gresh, „I'm Not Reading Fifty Shades of Grey," Pure Freedom, 7 ianuarie 2013, http://purefreedom.org/im-not-reading-fifty-shades-of-grey/.

13. Dictionary.com, s.v. „Masturbation," accesat în 24 septembrie 2018, https://www.dictionary.com/browse/masturbation.

14. Tim Challies, „God's Truth on Your Secret Sexual Sin," Revive Our Hearts, accesat în 24 septembrie 2018, https://www.reviveourhearts.com/articles/gods-truth-your-secret-sexual-sin/.

15. Challies, „God's Truth."

16. Jason DeRouchie, „If Your Right Hand Causes You to Sin," Desiring God, 3 decembrie 2016, https://www.desiringgod.org/articles/if-your-right-hand-causes-you-to-sin.

17. Lauren Jacobs, „Ashamed, Alone, and Addicted to Porn: Do Other Women Struggle with This?," covenanteyes.com, 9 noiembrie 2012, http://www.covenanteyes.com/2012/11/09/women-addicted-to-porn-lauren-jacobs/.

18. Joshua Harris, *Sex Is Not the Problem (Lust Is)*, Colorado Springs, Multnomah, 2003, p. 43.

Capitolul 12

1. Kristen Clark și Bethany Baird, *Ce ești tu, dragoste? Celibat. Curtare. Căsătorie*, Oradea, Casa Cărții, 2019, p. 189.

2. Heath Lambert, „A Personal Statement on Abuse," Association of Certified Biblical Counselors, 8 mai 2018, https://biblicalcounseling.com /2018/05/abuse/.

3. Clark și Baird, *Ce ești tu, dragoste?*, p. 213.

Capitolul 13

1. Heath Lambert, *Finally Free: Fighting for Purity with the Power of Grace*, Grand Rapids, Zondervan, 2013, p. 28.

2. Lambert, *Finally Free*, p. 21.

3. Lambert, *Finally Free*, p. 21.

4. Joshua Harris, *Sex Is Not the Problem (Lust Is)*, Colorado Springs, Multnomah, 2003, p. 27.

5. Steve Viars, „Learning How to Grow—Ephesians 4:22–24," Faith Church, 28 august 1990, https://www.faithlafayette.org/resources/lessons/learning_how_to_grow_ephesians_422_24.

CAPITOLUL 14

1. Phillip Holmes, „Only Christ Can Truly Satisfy," Desiring God, 8 octombrie 2015, https://www.desiringgod.org/articles/only-christ-can-truly-satisfy.

2. John Piper, „There Is No Greater Satisfaction," Desiring God, 1 octombrie 1990, https://www.desiringgod.org/articles/there-is-no-greater -satisfaction.

3. Reginald Heber, „Holy, Holy, Holy," 1826.

4. Holmes, „Only Christ Can Truly Satisfy."

CAPITOLUL 15

1. Jon Bloom, „Breaking the Power of Shame," Desiring God, 15 iulie 2016, https://www.desiringgod.org/articles/breaking-the-power-of-shame.

ANEXĂ: CUM SĂ GĂSEȘTI SPERANȚĂ ȘI VINDECARE ÎN URMA ABUZULUI SEXUAL

1. „Statistics," Center for Family Justice, accesat ultima oară în 19 noiembrie 2018, https://centerforfamilyjustice.org/community-education/statistics/.

2. Dawn Wilson, „Trusting God to Heal the Scars of Sexual Abuse," Revive our Hearts, 16 februarie 2017, https://www.reviveourhearts.com/true-woman/blog/sexual-abuse-trusting-god-with-my-past-hurts/.

3. Kathleen Shumate, „God Can Overcome Any Abuse," Desiring God, 27 aprilie 2017, https://www.desiringgod.org/articles/god-can-overcome-any-abuse.

4. Paul Maxwell, „Trauma Is Not a Life Sentence," Desiring God, 5 ianuarie 2017, https://www.desiringgod.org/articles/trauma-is-not-a-life-sentence.

Kristen Clark e căsătorită cu iubitul ei din liceu, Zack, și cofondatoarea lucrării GirlDefined, și coautoarea cărților *Portret de domnișoară* și *Ce ești tu, dragoste?* Promovează cu pasiune mesajul feminității biblice prin articole pe blog, discursuri în toată țara (S.U.A.), consilierea tinerelor femei și găzduind studii biblice în sufrageria ei. Până la urmă, e o texană amuzantă care adoră toate activitățile în aer liber și mănâncă ciocolată neagră ori de câte ori are ocazia.

Bethany Beal este căsătorită cu preferatul ei din lumea întreagă, Dāv., este cofondatoarea lucrării GirlDefined și coautoarea cărților *Portret de domnișoară* și *Ce ești tu, dragoste?* E pasionată de răspândirea adevărului biblic despre feminitate prin articole pe blog, discursuri și consiliere pentru femei tinere. Pentru familia și prietenii ei apropiați, e doar o blondă înaltă care iubește să găzduiască seri de jocuri de masă, este obsedată de smoothie-uri și nu se mai satură de cățelușul ei pufos.

Alte cărți pentru familie publicate la Casa Cărții

Cele 10 porunci ale căsătoriei, de Ed Young
Cele 10 porunci pentru părinți, de Ed Young
Ce ești tu, dragoste?, de Kristen Clark și Bethany Baird
Ce minunată e dragostea! - ediție pentru nuntă/aniversare
Ce minunată e dragostea! - ediție romantică
Creierul lui, creierul ei, de Walt și Barb Larimore
Creșterea copiilor în era tehnologiei, de Gary Chapman și Arlene Pellicane
Cuvinte pe care trebuie să le audă copiii, de David Staal
De știut înainte de căsătorie, de Gary D. Chapman
Familia - o perspectivă creștină asupra căminului contemporan, de Jack și Judith Balswick
Ghidul adolescentului pentru rețele sociale, de Jonathan McKee
În căutarea ginerelui potrivit, de Voddie Baucham jr
Portret de domnișoară, de Kristen Clark și Bethany Baird